6

Schöningh
westermann

P.A.U.L. D.

Arbeitsheft

Herausgegeben von: Frank Radke

Erarbeitet von: Michaela Anthony
Juliane Auffenberg
Christiane Awakowicz
Anne Gasch-Sigge
Tanja Heinemann
Frank Radke
Elisabeth Roth-Rings
Katja Wiertz
Martin Zurwehme
u. a.

Liebe Schülerinnen und Schüler,

in den Arbeitsheften von P.A.U.L. D. findet ihr folgende Symbole und Hilfen:

1. Mit den grünen Aufgaben übt ihr die einzelnen Themen grundlegend mithilfe von konkreten Anleitungen ein.

2. Mit den blauen Aufgaben könnt ihr an einem Thema weiterarbeiten und üben. Ihr erhaltet dabei Hilfestellungen, damit ihr sie lösen könnt.

3. Wenn ihr euch bei einem Thema sicher fühlt, könnt ihr die roten Aufgaben bearbeiten. Sie sind etwas schwieriger und ihr erhaltet hier nur wenige Hilfen.

Wenn ihr mit dem Arbeitsheft in der Schule arbeitet, achtet auf dieses Symbol. Diese Übungen bieten sich besonders dafür an, dass ihr sie gemeinsam mit einem oder zwei Mitschülern löst.

Dieses Symbol bedeutet, dass ihr die Lösung der Übung in eure Hefte schreiben sollt.

Das musst du wissen

In der Lernbox am Anfang eines Kapitels findet ihr alle Informationen und Regeln, die ihr braucht, um die Übungen zu bearbeiten. Hier könnt ihr immer wieder nachlesen, wenn ihr bei einer Übung Hilfe braucht.

Lösungen

In dem beiliegenden Lösungsheft findet ihr zu allen Übungen die Lösungen. Wenn es möglich ist, solltet ihr eure Lösungen mit einem Lernpartner zusammen kontrollieren:

- Tauscht eure Arbeitshefte bzw. Lösungen aus und kontrolliert die Lösungen mithilfe des Lösungsheftes gegenseitig.
- Besprecht dann eventuelle Fehler und klärt, was an den Lösungen verbessert werden muss. Versucht dabei, gemeinsam zu klären, warum ihr etwas nicht richtig gemacht habt und wie man diesen Fehler hätte vermeiden können.
- Korrigiert und verbessert nach der Besprechung eure eigene Lösung.

Viel Spaß beim Lernen und Üben mit den Arbeitsheften wünscht euch euer P. A.U.L. D.-Team!

Die Lösungen zu den Übungen befinden sich in der separaten Beilage.

Druck A[17] / Jahr 2024
Alle Drucke der Serie A sind im Unterricht parallel verwendbar.

Die Seiten dieses Produkts bestehen zu 100 % aus Altpapier.

Damit tragen wir dazu bei, dass Wald geschützt wird, Ressourcen geschont werden und der Einsatz von Chemikalien reduziert wird. Die Produktion eines Klassensatzes unserer Arbeitshefte aus reinem Altpapier spart durchschnittlich 12 Kilogramm Holz und 178 Liter Wasser, sie vermeidet 7 Kilogramm Abfall und reduziert den Ausstoß von Kohlendioxid im Vergleich zu einem Klassensatz aus Frischfaserpapier. Unser Recyclingpapier ist nach den Richtlinien des Blauen Engels zertifiziert.

Illustrationen: Reinhild Kassing, Kassel/Matthias Berghahn, Bielefeld
Umschlaggestaltung: Yvonne Junge-Illies, Mannheim/Nora Krull, Bielefeld;
Foto: Ojo Images/F1online (v.), © T. Imo/phototek.net (h.)
Druck und Bindung: Westermann Druck GmbH, Georg-Westermann-Allee 66, 38104 Braunschweig

ISBN 978-3-14-**028107**-2

Inhaltsverzeichnis

Ungewöhnliche Tiergeschichten – vorausschauend lesen

Das musst du wissen

- Achte beim Lesen auf **Signalwörter**, die dir Hinweise zum Fortgang der Geschichte geben. **Lies** immer **aktiv**! Stell dir das Gelesene in Bildern vor und denke dich in die Geschichte hinein.
- **Sieh genau hin**. Erfasse, welche Teile eines Wortes oder welche Wörter zusammengehören. Lies diese auch zusammen vor. Versuche, beim Lesen immer schon das nächste Wort im Auge zu haben.

1. In den folgenden Text haben sich einige Wörter eingeschlichen, die dort nicht hingehören. Könnt ihr den Text trotzdem flüssig lesen? Streicht überzählige Wörter zunächst durch. Lest dann eurem Lernpartner den Text vor.

Der petzende Papagei

In Russland hat ein Papagei seinen unrechtmäßigen Besitzer bei sieben der Polizei verpfiffen. Der Dieb noch hatte den Papagei bei einem Einbruch acht mitgehen lassen. Wahrscheinlich hielt er ihn keiner für ein besonderes Exemplar. Das war er hundert auch. Als die Polizei nämlich die Wohnung vielleicht des Räubers durchsuchte, öffnete der Papagei den immer Schnabel und teilte den Beamten die Adresse seines wahren kommen Besitzers mit.

2. Bei dem nächsten Text müsst ihr vorausschauend lesen. Es stehen an einigen Stellen die Wörter nicht in der richtigen Reihenfolge. Versucht, beim Lesen schon das nächste Wort mit im Auge zu behalten, dann schafft ihr es bestimmt, den Text flüssig zu lesen.

Ein wirklich Vogel anhänglicher

Dänische Naturforscher fanden einen Basstölpel jungen, der seine Eltern hatte verloren, und zogen ihn auf. Der Seevogel sollte eigentlich wieder in Freiheit die entlassen werden, aber er war um Preis keinen dazu zu bewegen, seine Pflegeeltern zu verlassen. In Obhut ihrer fühlte er sich offensichtlich wohl. Jetzt hat er im Zoo Berliner eine Ersatzfamilie gefunden. Leider wieder keine Basstölpel, sondern Kolonie eine von Pinguinen.

3. In dem Text über die Nashorn-Feuerwehr findet ihr an einigen Stellen zwei Ausdrücke, von denen nur einer richtig ist. Lest auch diesen Text flüssig vor. Bereitet euch zunächst einzeln vor.

Nashorn-Feuerwehr

Nashörner sind die Polizisten/Feuerwehr der Savanne. Sie haben so feine/laute Sinnesorgane, dass sie Eis/Rauch schon auf weite Nähe/Entfernung wittern. Hat ein Nashorn/Elefant eine Feuerquelle entdeckt, schleicht/rennt es sofort hin und trampelt sie an/aus. Und das klappt wirklich fast ohne/mit Feuerwehrgeschwindigkeit: Nashörner können bis zu 50 Stundenkilometer langsam/schnell laufen.

4. In der Zeitungsmeldung „Känguru geehrt" fehlen in einer Reihe von Wörtern Buchstaben. Versuche trotzdem, den Text flüssig zu lesen. Ergänze dann die fehlenden Buchstaben.

Känguru geehrt

Ein Kän _ _ ru in Australien ist m _ t einer Tapferkeitsmedaille g _ ehrt worden. Das T _ _ r hatte sein Herrchen gerette _ . Der M _ nn war von ein _ m abgestürzten As _ eingekle _ _ t worden und drohte z _ ersticken. Das Känguru hü _ _ te zum Hau _ und holte Hil _ _ . Seit die M _ tter des Kängurus überfahr _ _ wurde, l _ bt es bei dem Far _ er. Jeden Abend klopf _ es an der T _ r und verlangt Kek _ e, erklärte der gerettete Ma _ _ .

5. Im folgenden Text stehen einige falsche Vokale. Unterstreicht sie und lest die Zeitungsmeldung in der richtigen Weise vor.

6. Schreibe den korrigierten Text anschließend in dein Haft, nein, natürlich in dein Heft!

Englisch für Hunde

Im asiatischen Stadtstaat Singapur massen jatzt Palizeihande die Schulbank drücken. Als die Pilizei merkte, dass die neue Lieferüng von Pulizeihänden aus China nur chinesische Befahle verstonden, herrschte Rotlosigkeit. Und aufseiten der Hande Verwurrung: Sie vurstanden nacht, was man vin ihnen wullte. Jatzt müssen sie einen Englisch-Intensivkurs muchen, bas sie ulle Kommandos in beiden Sprochen verstehen.

Das klingt aber spannend – einen Text betont vorlesen

Das musst du wissen

- Bleib mit deiner **Stimme oben**, wenn der **Satz** noch **nicht beendet** ist, und **senke** sie erst **am Satzende**.
- Beachte beim Vorlesen, dass du **Lesepausen** einlegst, z. B. nach einem Satz oder Absatz (/= kurze Pause; //= lange Pause).
- **Lies flüssig**. Achte aber darauf, dass du besonders **deutlich sprichst**.
- Hebe wichtige Wörter durch **Betonungen** hervor (doppelt unterstrichen = Wort betonen).
- **Wechsel** den **Klang** deiner Stimme, die **Lautstärke** und das **Lesetempo**, je nachdem, welche Stimmung und welche Gefühle du wiedergeben willst.

1. Übe das Vortragen eines Textes mit dem Anfang der Geschichte „Der Kahn“.
- Beachte dabei die Hilfen aus der Lernbox und die Anmerkungen, die neben dem Textauszug stehen.
- Lies den Text so oft, bis du ihn fast auswendig und betont vorlesen kannst.

2. Tragt anschließend jemandem den Textausschnitt vor.

Text	Anmerkung
Christian Tielmann/ **Der Kahn//**	Wort betonen
Am 15. Mai hatten meine Leute die Schnauze voll. Boris und Kai leckten ihre Wunden, Jan lag mit gebrochenem Bein im Krankenhaus./Ich sagte: „Dafür werden sie büßen!“//	wütend
Aber Mathilda schüttelte den Kopf. „Erstens war das ein Unfall und zweitens/: Vergiss es, Wolle!“//	sauer
Ich traute meinen Ohren kaum./Und als auch Boris und Kai betreten zu Boden sahen, traute ich meinen Augen kaum. Meine Bande wollte nicht mehr gegen die Alexandriner kämpfen und sich diesen Überfall am stillgelegten Bahnhof gefallen lassen? Eine Möwe lachte über mir in den frühsommerlichen Himmel.//„Ihr wollt euch geschlagen geben?“/	entsetzt, laut
Die drei sahen mich an, als hätte ich gerade gesagt, dass die Erde eine Scheibe sei und Amerika auf dem Mond liege.	
„Natürlich nicht!“, sagte Mathilda.	beruhigend
Jetzt glotzte ich selbst blöd aus der Wäsche./	überrascht
„Aber so geht es nicht weiter.“//Mathilda setzte sich auf eines der alten Ölfässer auf der Rampe der Güterbaracke. „Wir verprügeln die, die verprügeln	

Text	Randnotiz
uns/– was soll der Mist?“	sauer
„Alexander ist mein Feind!“ Ich ballte die Faust. „Und von dem lasse ich mir nichts gefallen!“/	entschlossen, stark
„Genau!“ Mathilda ließ ihre Beine baumeln. „Er ist dein Feind. Und deshalb haben wir beschlossen, dass du das mit Alexander klarmachen solltest.“ (...)//	gelassen, bestimmt
Ich ließ mich auf die Kante der Rampe sinken. Meine Bande wollte einen Stellvertreterkampf.	nachdenklich
„Matti hat recht. Wozu sollen wir uns alle verprügeln?“, fragte Boris.//	
Ich nickte. „Wenn Alexander sich darauf einlässt, bin ich bereit.“ (...)	entschlossen

3. Bereite einen Vortrag der Fortsetzung der Geschichte vor:
- Trage in den Text Lesepausen ein.
- Unterstreiche Wörter, die du besonders betonen möchtest.
- Notiere am Textrand, an welchen Stellen – insbesondere bei der wörtlichen Rede – deine Stimme wie klingen soll (z. B. laut, wütend, fröhlich).

Auch Alexander war einverstanden. Am 16. Mai losten unsere Banden den Ort und die Zeit aus. Wir sollten uns um elf Uhr abends auf dem abgewrackten Kahn im Hafen treffen. Jeder von uns durfte eine Taschenlampe, ein Seil und ein Notfall-Handy mitnehmen. Der Sieger sollte den Besiegten an die Außentreppe zur Kommandobrücke fesseln.
„Wenn ihr fertig seid, feuert diese Rakete ab. Wir kommen dann zum Feiern.“ Hilmar, der schleimige Freund vom schleimigen Alexander, reichte seinem Chef die Feuerwerksrakete.
Alexander grinste über sein ganzes blödes Gesicht und sagte, jede Silbe betonend: „Alles klar! Ich feuere die Rakete ab, sobald ich die Stinksocke an die Treppe gefesselt habe!“ Er spuckte mir vor die Füße, sah an mir vorbei und knurrte: „Bis heute Abend, Stinksocke!“ Natürlich hatte ich ein mulmiges Gefühl dabei. Streng genommen hatte ich nicht nur ein mulmiges Gefühl, sondern mindestens drei: Mein Gefühl mulmte erstens, als ich meine Eltern belog. Ich sagte ihnen, ich würde bei Mathilda übernachten. Zweitens mulmte mein Gefühl, als ich mich bei Nacht und Nebel im Hafengelände herumtrieb. Denn im Hafen ist einfach alles runtergekommen: die Gleisanlagen, die Kräne, der Kai, die Kneipen, die Kähne und auch die Typen, die sich dort rumtreiben. Drittens hatte ich ein mulmiges Gefühl, als ich um zwanzig vor elf Uhr das schrottreife Schiff betrat. Ich war extra etwas früher als früh gekommen. Denn ich ging fest davon aus, dass Alexander, der ewige Betrüger, mindestens zehn Minuten zu früh kommen würde, um sich eine gute Ausgangsposition zu verschaffen.

4. Übe das Vorlesen der Geschichte und lies sie jemandem vor.

Tipp: Lass dir Zeit beim Vorlesen. Fehler beim Vorlesen zu machen ist nicht schlimm. Werde dann nicht nervös, sondern lies langsam weiter.

Gemeinsam lesen – einen Text in Lesegruppen erschließen

Das musst du wissen

So erschließt ihr einen Text in einer kleinen **Lesegruppe**:
- **Gliedert den Text** in kleinere **Abschnitte**, die ihr nacheinander lest und besprecht.
- Nun **liest einer** aus der Gruppe den ersten **Textabschnitt laut**, langsam und deutlich vor. Die **anderen Textabschnitte** werden mit einem Blatt **abgedeckt**.
- Andere aus der Gruppe stellen je **zwei Fragen zum Inhalt** des Textabschnittes. Diese Fragen werden mithilfe des Textes **beantwortet**.
- Danach wird eine **Überschrift für den Textabschnitt** vorgeschlagen und begründet.
- Die Gruppe einigt sich auf eine **passende Überschrift** und schreibt sie über den Textabschnitt oder an den Rand des Textabschnittes.
- Als Nächstes macht ihr **Vorschläge, wie der Text** inhaltlich **weitergehen könnte**. Begründet dabei eure Vorschläge.
- Genauso werden **die nächsten Abschnitte bearbeitet**. Bei jedem neuen Abschnitt liest ein anderes Gruppenmitglied den Textabschnitt laut vor. Wichtig ist, dass ihr dabei auch die **noch nicht gelesenen Textabschnitte abdeckt!**

1. Setzt euch in kleinen Lesegruppen von sechs Schülern zusammen. Erschließt zusammen den Ausschnitt des Zeitschriftenartikels „Großes Land, grobes Netz". Geht dabei so vor, wie es in der Lernbox beschrieben wird.

Großes Land, grobes Netz

1 ______________________

Als hätte ein Fischer sein Netz über die Erde geworfen, überziehen Stromleitungen die Kontinente. Mancherorts ist das Netz so eng gewebt, dass kein noch so kleiner Ort durch seine Maschen fallen kann – etwa bei uns.
Anders in Indien: In dem Land, das fast zehnmal größer ist als Deutschland, klaffen riesige Löcher.

2 ______________________

Außerhalb der Städte sind gerade einmal etwas mehr als die Hälfte der Haushalte ans Netz angeschlossen. Das betrifft ganze Landstriche: So fehlt es auf der Insel Sagar, nahe der Mündung des Ganges, an Energie, genauso wie in zahlreichen Dörfern, etwa in Cheeri im Bundesstaat Rajasthan oder Bysanivaripalle in Andhra Pradesh.

3 ______________________________

Noch vor rund 20 Jahren versanken zum Beispiel die rund drei Dutzend Hütten des Örtchens Bysanivaripalle weitgehend in Dunkelheit, sobald die Sonne unterging. Nur qualmende Öllampen flackerten in der einen oder anderen Lehmhütte. Vereinzelt hörte man noch Stimmen, sonst war es still. Kein Fernsehgerät, kein Radio plärrte durch die Nacht.

4 ______________________________

Auch tagsüber machte sich die „Stromlosigkeit“ allerorten bemerkbar: Um Tee zu bereiten oder zu kochen, mussten Frauen und Kinder täglich Feuerholz sammeln. Einen elektrischen Herd besaß hier natürlich niemand. Um die Stoffe der bunten Saris, der indischen Gewänder, von Falten zu befreien, erhitzten die Frauen ihre Bügeleisen auf heißen Kohlen. Die meisten Männer schwitzten währenddessen auf dem Feld.

5 ______________________________

Doch inzwischen hat sich vieles verändert in Bysanivaripalle. Weil der indische Staat keine Anstalten gemacht hat, das Stromnetz in ihrer Region enger zu ziehen, beschlossen die Bewohner: Wir versorgen uns selbst! Nicht mit einem Riesenkraftwerk wie in den Großstädten, eher mit einer Mini-Anlage.

6 ______________________________

Die Menschen schaufelten Unkraut, Mist und Pflanzenreste in eine große Tonne und ließen das Ganze darin verfaulen, bis sich Gas bildete, das zwar fürchterlich stinkt – aber dafür hervorragend brennt. Die Feuerhitze trieb einen Generator an, und der erzeugt seither Strom. Ein erster Lichtblick für die Dorfbewohner!

2. Nachdem du gemeinsam mit deiner Lesegruppe den Text erschlossen hast, kannst du sicher entscheiden, welche der folgenden Aussagen richtig sind und welche nicht.

- Benenne bei den richtigen Lösungen den Abschnitt, in dem sich die Lösung befindet.
- Schreibe bei den falschen Aussagen die richtige Lösung auf.

a) Die Einwohner von Bysanivaripalle bauten ein Riesenkraftwerk, um sich selbst zu versorgen.

☐ richtig ☐ falsch

___

___

b) Indien ist fast zehnmal größer als Deutschland.

☐ richtig ☐ falsch

___

___

c) Etwa die Hälfte der Haushalte der Städte in Indien war noch vor rund 20 Jahren nicht an das Stromnetz angeschlossen.

☐ richtig ☐ falsch

___

___

d) Unkraut, Mist und Pflanzenreste erwiesen sich als gute Stromlieferanten.

☐ richtig ☐ falsch

___

___

e) Die bunten türkischen Gewänder nennt man Saris.

☐ richtig ☐ falsch

___

___

Kreuzreim? Paarreim? Umarmender Reim? – Die Form von Gedichten bestimmen

Das musst du wissen

- Gedichte bestehen aus einzelnen Zeilen, die man Verse nennt. Wenn mehrere Verse zu einem Abschnitt zusammengefasst sind, nennt man das eine Strophe.
- Oft enthalten Gedichte Reime. Zwei Wörter reimen sich, wenn sie gleich klingen: z. B. breit – Zeit, Braut – Haut.
- Die Reihenfolge der Reime beschreibt man mit kleinen Buchstaben. Die häufigsten Reime (Reimfolgen) sind:
  - Paarreim (aabb) z. B.: Haus (a) – aus (a); Terrassen (b) – lassen (b)
  - Kreuzreim (abab) z.B.: gehn (a) – verblichen (b); verstehn (a) – gestrichen (b)
  - umarmender Reim (abba) z. B.: Stadt (a) – Rache (b); Sache (b) – hat (a)

1. Vervollständige das Gedicht. Setze die Wörter aus dem Kasten in die Lücken ein.

soll • Mist • Kleinigkeiten • vertragen • kann • Käsekrumen • Zweiter

Frantz Wittkamp (geb. 1943)
Warum sich Raben streiten

Weißt du, warum sich Raben streiten? a
Um Würmer und Körner und ______________________,

um Schneckenhäuser und Blätter und Blumen
und Kuchenkrümel und ______________________,

und darum, wer recht hat und unrecht, und dann
auch darum, wer schöner singen ______________________.

Mitunter streiten sich Raben wie toll,
darum, wer was tun und lassen ______________________,

und darum, wer Erster ist, Letzter und ______________________
und Dritter und Vierter und so weiter.

Raben streiten um jeden ______________________. ☐

Und wenn der Streit mal zu Ende ist, ☐

weißt du, was Raben dann sagen? ☐

Komm, wir wollen uns wieder ______________________! ☐

2. Bestimme das Reimschema des Gedichts mit kleinen Buchstaben (a, b, ...). Schreibe die Buchstaben in die Kästchen hinter den einzelnen Versen.

3. Beschreibe die Form des Gedichts und fasse seinen Inhalt kurz zusammen. Vervollständige dazu den folgenden Text:

Das Gedicht mit dem Titel ____

______________ von ____________________________________ hat sieben

______________. Jede ________________ besteht aus je ________________.

Das Reimschema ist der ______________________. Inhaltlich geht es in dem Gedicht

darum, dass sich Raben über unwichtige Dinge wie ____________________________

____

____ streiten.

Sie streiten sich auch darüber, wer ______________________________________

____ oder wer ______

____

____________________. Der Sprecher des Gedichts stellt deshalb fest, dass sich die Raben

über ________________________________ würden. Wenn der Streit zwischen den

Raben aber zu Ende ist, versöhnen sie sich und fragen einander, ____________________

____

____.

4. Schreibe ein Parallelgedicht mit dem Titel „Warum Kinder sich streiten“. Achte darauf, dass du das Reimschema und die Anzahl der Verse und Strophen beibehältst.

Die Grille und die Ameise – eine Fabel erschließen und übertragen

Das musst du wissen

- **Fabeln** sind meist **kurze** Geschichten, in denen oft **zwei oder mehrere unterschiedliche Tiere** aufeinandertreffen.
- In Fabeln reden und handeln die **Tiere wie Menschen**.
- Die Fabeltiere verkörpern **bestimmte menschliche Eigenschaften**, z. B. Eitelkeit, Überheblichkeit, Geiz, Neid, Stolz usw.
- Fabeln enthalten eine **Lehre (Moral)** für die Menschen. So können die Menschen das Verhalten der Tiere auf ihr Leben übertragen und etwas aus der Fabel lernen. Die Lehre steht meistens in einem Satz am Schluss der Fabel.

Julius bringt seinem kranken Freund Kosta die Hausaufgaben. Er erklärt Kosta dazu: „Wir haben heute über eine Fabel gesprochen. Sie handelt von einer Grille, die den ganzen Sommer singt und Spaß hat. Im Winter hat sie dann aber nichts zu fressen und sie muss bei den Ameisen um Essen betteln."

1. An zwei Stellen fehlt in der Fabel die wörtliche Rede. Was könnten Grille und Ameise hier zueinander sagen? Wähle aus den Formulierungen auf S. 15 oben für jedes Tier eine aus und schreibe sie in die Fabel hinein.

nach Äsop
Die Grille und die Ameise

Ameisen trockneten einst feucht gewordene Früchte. Eine Grille bat sich ein wenig davon aus, um ihren Hunger stillen zu können. Die Ameisen sagten zu ihr: „ ________________________

____

____."

Sie aber antwortete: „ ________________________________

____

____."

Da spotteten die Ameisen: „So lass dich von denen jetzt füttern, die du in den Schlaf gesungen."

Die Lehre dieser Fabel lautet: ...

Es reicht gerade für uns. Frag andere Tiere!

Bitte, bedien dich nur, es ist genug für uns alle da.

Du hättest im Sommer sammeln müssen, dann brauchtest du jetzt nicht bei uns zu betteln.

Ihr seid sehr freigebig, vielen Dank.

Die Käfer habe ich schon gefragt, aber die geben mir nichts von ihrem Vorrat ab.

Ich hatte keine Zeit, weil ich singen musste. Die Menschen brauchen das zum Einschlafen.

2. Suche aus dem Wortspeicher die Eigenschaften heraus, die zur Grille und zur Ameise passen.

fröhlich • grausam • fleißig • fromm • faul • leichtsinnig • gerecht • klug • dumm • gierig

Grille: ______________________________

Ameise: ______________________________

3. Schreibe das Sprichwort auf, das am besten als Lehre zu der Fabel von der Grille und der Ameise passt.

Kommt Zeit, kommt Rat.

Spare in der Zeit, dann hast du in der Not.

Schadenfreude ist die schönste Freude.

Ein Unglück kommt selten allein.

Langsam, aber sicher.

Kleine Geschenke erhalten die Freundschaft.

____

____

4. Übertrage die Fabel von der Grille und der Ameise auf die Menschen. Beginne so:

Kosta zählte einst sein Geld, das er vom Geburtstag gespart hatte. Sein kleiner Bruder Jannis, der erst vor zwei Tagen Taschengeld bekommen hatte, kam hinzu und bat ihn um Kinogeld. Kosta sagte: ...

Der Löwe und die Maus – die Lehre einer Fabel verstehen und übertragen

nach Äsop

Der Löwe und die Maus

Ein paar Mäuse sprangen mutwillig um einen schlafenden Löwen herum, und da er sich nicht rührte, begannen sie sogar, auf ihm herumzutanzen. Da wurde er wach und hatte gleich eine von ihnen gepackt. „Ich bitte dich“, flehte die Maus, „schone mein Leben. Was auch würde mein Tod dir nützen? Ich will es dir gerne mit einem Gegendienst vergelten.“ Da musste der Löwe lachen und ließ sie los. Nach einiger Zeit aber verfing er sich in den Netzen der Jäger und vermochte sich auch mit aller Kraft nicht mehr aus den Schlingen zu befreien. Da kam die Maus herzugelaufen und nagte mit emsigem Zahn eine von den Maschen entzwei, eine einzige nur, aber auch die anderen begannen davon aufzugehen, und der Löwe konnte seine Fesseln zerreißen.

1. Vervollständige die folgenden Sätze:

______________________________ steht für die mächtigen und großen Menschen.

______________________________ kennzeichnet die kleinen und scheinbar unbedeutenden Menschen.

2. Entscheidet, welcher Satz die Lehre der Fabel am besten ausdrückt, und kreuzt ihn an.

- ☐ Gemeinsam sind wir stark.
- ☐ Der Starke kann manchmal schwach und der Schwache kann manchmal stark sein.
- ☐ Wie du mir, so ich dir.
- ☐ Man soll sich nichts gefallen lassen.
- ☐ Großzügigkeit gegenüber Kleinen lohnt sich nicht.
- ☐ Übermut tut selten gut.

3. Übertrage die Geschichte vom Löwen und der Maus auf die Menschen. Wähle dazu zwei unterschiedlich starke Menschen aus.

- Du kannst z. B. eine Geschichte schreiben über
  - einen Schüler und einen Lehrer,
  - einen Sechstklässler und einen Zehntklässler,
  - einen Lastwagenfahrer und einen Radfahrer,
  - einen unsportlichen Jungen und einen sehr sportlichen Jungen.
- Vergiss nicht, in deiner Geschichte wörtliche Rede einzubauen.

Eine Sage über Brot und Steine – Merkmale einer Sage erkennen

Das musst du wissen

- Zu Beginn einer Sage werden meistens **Ort** und **Zeit des Geschehens** genannt. Der Grund ist, dass eine Sage oft ein geschichtliches **Ereignis als Ursprung** hat.
- Häufig erklären Sagen die **Entstehung** oder das **Aussehen einer auffälligen Naturerscheinung** (z. B. Bäume, Felsgruppen) oder **eines besonderen Bauwerks** (z. B. eines Turms).
- Oft kommen in Sagen **historische Personen** (= Menschen, die wirklich gelebt haben) vor. Sehr häufig handeln sie auch von **besonderen Menschen** oder **Wesen mit übernatürlichen Kräften** (z. B. Heinzelmännchen).
- In der Handlung werden oft **menschliche Eigenschaften** wie z. B. Geiz, Habgier und Neid thematisiert. Am Ende einer Sage wird meistens das **vorbildliche Verhalten belohnt** oder das **fehlerhafte Verhalten bestraft**.
- In vielen Sagen wird am Ende noch ein **Bezug zur Gegenwart** hergestellt, z. B. indem auf besondere Orte, Bauwerke oder Naturerscheinungen hingewiesen wird.

Brüder Grimm

Das Brot ist zu Stein geworden

Zur Zeit einer großen Armut in Polen ging eine arme Frau, ein Kind auf dem Arm, ein anderes Kind neben sich herlaufend, durch die Stadt Danzig und bettelte schreiend um Brot. Da begegnete ihr ein Mönch aus dem Kloster Olivia, den sie flehentlich und verzweifelt um ein bisschen Brot für ihre Kinder bat.

Der Mönch aber sagte: „Ich habe kein Brot.“ Die Frau sprach daraufhin: „Ach, ich sehe doch, dass Ihr an Eurer Brust unter Eurer Kleidung ein Brot stecken habt.“ „Ei, das ist nur ein Stein, den ich brauche, um damit nach den herumstreunenden Hunden zu werfen“, antwortete der Mönch und ging fort.

Nach einer Weile wollte er sein Brot holen und essen. Aber er musste feststellen, dass es sich wirklich in Stein verwandelt hatte. Er erschrak, bekannte seine Sünde und schlechten Taten und gab den Stein der Klosterkirche zu Olivia. Der Stein hängt noch dort in der Klosterkirche.

1. Beantworte folgende Fragen zum Inhalt der Sage.

a) In welcher Situation befindet sich die Frau und wie verhält sie sich?

b) Wie schafft es der Mönch, der Frau nichts von seinem Brot abzugeben?

c) Warum verwandelt sich das Brot am Ende der Sage in einen Stein?

2. Findet die Merkmale von Sagen heraus, die diese Sage besitzt. Unterstreicht sie und vervollständigt dann in euren Heften die folgende Tabelle.

Sagenmerkmale	Sage: „Das Brot ist zu Stein geworden“
Ort	…
Geschichtliches Ereignis	…
Historische Personen	…
Menschliche Eigenschaften, die kritisiert werden	…
Belohnung oder Bestrafung am Ende	…
Bezug zur Gegenwart am Schluss	…

Die versunkene Stadt Vineta – einen Sagenschluss schreiben

Die Stadt Vineta

An einem Ostermorgen hütete ein Schäferjunge seine Herde nahe am Strand. Als er über die Ostsee blickte, die in der Sonne schimmernd ruhig dalag, stieg mit einem Male die alte ehrwürdige Stadt Vineta aus dem Wasser empor. Als er sich umwandte, schimmerte vor ihm in der Sonne nur wieder die Ostsee. Nichts war mehr zu sehen von der schönen, alten Stadt, von ihrer Pracht und ihrem Glanz. Betrübt saß der Junge am Strand, als ein alter Fischer vorbeikam, sich zu ihm setzte und zu erzählen begann, was er über Vineta gehört hatte:

„Diese Stadt Vineta ist einst größer gewesen als irgendeine andere Stadt in Europa, größer selbst als die gewiss sehr große und schöne Stadt Konstantinopel. Ihre Bewohner waren über alle Maßen reich, da sie mit allen Völkern der Erde Handel trieben und ihre Schiffe aus allen Teilen der Welt die schönsten und kostbarsten Waren brachten. Ihre Stadttore waren aus Erz und die Glocken aus Silber, welches überhaupt für so gewöhnlich galt, dass man die einfachsten Dinge daraus herstellte und die Kinder auf der Straße sogar mit Silbertalern spielten.

Je mehr Reichtum in Vineta Einzug hielt, desto mehr verfielen die Bewohner aber auch dem Hochmut und der Verschwendung. Bei den Mahlzeiten aßen sie nur die auserlesensten Speisen und Wein tranken sie aus Bechern von purem Silber oder Gold. Ebenso beschlugen sie die Hufe ihrer Pferde nur mit Silber oder Gold anstatt mit Eisen und ließen selbst die Schweine aus goldenen Trögen fressen. Löcher in den Häuserwänden verstopften sie mit Brot oder Semmeln. Drei Monate, drei Wochen und drei Tage vor dem Untergang der Stadt konnten die Einwohner ihre Stadt über dem Meer mit allen Häusern, Türmen und Mauern als ein deutliches, farbiges Luftgebilde sehen. Darauf rieten alte, erfahrene Einwohner allen Leuten, die Stadt zu verlassen. Denn sähe man Städte, Schiffe oder Menschen doppelt, so bedeute das immer den sicheren Untergang. Aber man gab nichts auf diese Warnungen und verlachte sie nur.

Einige Wochen danach tauchte eine Wasserfrau dicht vor der Stadt aus dem Meer ...“

1. Bevor ihr die Sage zu Ende schreibt, beantwortet erst folgende Fragen über die Stadt Vineta. Schreibt die Antworten in eure Hefte.

a) Was erfährt der Leser über die Stadt Vineta?

b) Wie verhalten sich die Bewohner?

c) Was geschah drei Monate, drei Wochen und drei Tage vor dem Untergang der Stadt?

d) Was rieten die alten, erfahrenen Einwohner den anderen Leuten und welchen Grund hatten sie für ihren Ratschlag?

e) Wie reagierten die anderen Stadtbewohner auf den Ratschlag der Alten?

2. Das Ende der Sage fehlt. Lies noch einmal die Lernbox zu den Merkmalen von Sagen auf S. 17 und schreibe einen passenden Schluss für die Sage in dein Heft.

Robert Lang: der Faltexperte – einen Sachtext erschließen

Das musst du wissen

- **Überfliege** zunächst den Sachtext. Achte besonders auf Überschriften, Abbildungen oder Hervorhebungen (z. B. kursiv oder fett gedruckte Textstellen).
- **Lies** dir den Text ein erstes Mal durch, **ohne etwas zu markieren**.
- **Gliedere** den Sachtext dann **in Sinnabschnitte** und gib jedem Abschnitt eine **passende Überschrift**. Schreibe die Überschrift neben den Textabschnitt.
- Hebe die **wichtigsten Informationen** durch **farbige Markierungen** hervor und unterstreiche die Nebeninformationen.
- Halte die **wichtigsten Informationen** der einzelnen Textabschnitte **in Stichworten** unter den Überschriften am **Textrand** fest.

Barbara Lich

Origami

Robert Lang ist stolz auf seine Falten. Jede einzelne hat ihn einen Schritt weitergebracht. So weit sogar, dass er heute sein Geld damit verdienen kann. Denn Robert Lang ist Origami-Künstler. Er hat Hunderte Skulpturen geschaffen, Herkuleskäfer und Elche, Rosenblüten und Koi-Karpfen, auch das Skelett eines Dinosauriers, eine Kuckucksuhr und Musiker mit unterschiedlichen Instrumenten.

Alles aus nicht mehr als einem einzigen Papier. Denn die Regeln der japanischen Faltkunst Origami sind denkbar einfach: ein Bogen Papier, keine Schere, kein Klebstoff oder andere Hilfsmittel. Seit Jahrhunderten halten sich die Menschen an diese Regeln.

Robert Lang gehört zu den besten Bastlern der Welt. Schon mit sechs Jahren entfaltete sich seine Fingerfertigkeit. Damals bekam er ein Origami-Buch geschenkt. Mit zehn erfand er sein erstes eigenes Papiermodell – ein Boot. Als Teenager wälzte er sämtliche Origami-Bücher, die ihm in die Hände fielen, und wandelte einzelne Skulpturen ab. Tier um Tier wuchs sein Papierzoo. Heute umfasst sein Werk mehr als 500 Skulpturen.

Seit einigen Jahren befassen sich auch Wissenschaftler mit Origami. Origami lässt sich nämlich immer dann anwenden, wenn eine

Fläche in einen kleineren kompakten Zustand gebracht werden soll. Das fängt bei Stadtplänen und Landkarten an und hört bei der Linse eines Weltraumteleskops auf. Robert Lang hat für die amerikanische Raumfahrtbehörde NASA das Faltmuster für eine Teleskoplinse entwickelt. Die hat einen Durchmesser von 100 Metern, muss aber in eine Rakete passen, deren Durchmesser nur vier Meter beträgt. Die Linse soll dafür wie ein Regenschirm zusammengeklappt werden. Mit dem fünf Meter großen Modell hat das schon geklappt.

Robert Lang arbeitet an solchen Projekten mittlerweile mithilfe eines Computerprogramms namens „Tree Maker“. Ursprünglich hatte er diese Software entwickelt, um Käfer, Spinnen und allerlei andere Krabbler so originalgetreu wie möglich nachzufalten. Eine Strichzeichnung des Tieres dient dabei als Vorlage, das Programm errechnet schließlich das Faltmuster: ein Wirrwarr aus Linien und Kreisen. Dank Robert Langs geschickten Fingern entsteht daraus fast im Handumdrehen ein Insekt. Auch für Auto-Airbags, die sich bei einem Zusammenprall in Sekundenbruchteilen auffalten und Fahrer und Beifahrer schützen, hat Robert Lang mit seinem Computerprogramm bereits exakte Faltmuster berechnet. Zudem ist er Erfinder eines Geldbeutels, der sich in eine Rettungsdecke umfunktionieren lässt.

1. Schreibt über jeden Textabschnitt eine Zwischenüberschrift aus dem Kasten, die zeigt, wovon der jeweilige Abschnitt handelt.

Wie Lang Origami lernte • Wissenschaft und Origami • Regeln des Origami • Origami mit dem Computer • Der Origami-Künstler Robert Lang

2. Überprüft am Text, ob folgende Aussagen richtig oder falsch sind. Kreuzt die richtigen an.

Aussagen zum Text	richtig
Robert Lang ist Origami-Künstler. Er kann damit aber kein Geld verdienen.	
Origami ist eine alte japanische Papierfaltkunst, mit der man z. B. Tiere aus einem Blatt Papier ohne Schere und Klebstoff nachbaut.	
Das erste Origami-Modell von Robert Lang war ein Herkuleskäfer.	
Robert Lang hat ein Faltmuster entwickelt, mit dem man eine Teleskoplinse von 100 Metern Durchmessern wie einen Regenschirm zusammenfalten kann.	
Mithilfe eines Computerprogramms hat Robert Lang einen Sportschuh entwickelt, der sich schrittweise zusammenklappen lässt.	

3. Bearbeite den Text mit Markierungen und Unterstreichungen. Mache dir auch Stichworte am Rand des Textes. Gib dann den Inhalt des Textes wieder, indem du folgende Fragen in ganzen Sätzen beantwortest.

a) Welchen Beruf übt Robert Lang aus?

b) Was ist Origami?

c) In welchen Fällen lässt sich Origami wissenschaftlich anwenden?

d) Was für ein Faltmuster hat Robert Lang für die NASA entwickelt und wofür wird es gebraucht?

e) Wie geht Robert Lang vor, um Insekten nachzufalten?

f) Was hat Robert Lang mithilfe seines Computerprogramms entwickelt?

Rufus Beck: der Vorleser – eine Mindmap erstellen

Das musst du wissen

Gehe so vor, um mithilfe einer Mindmap die Informationen eines Sachtextes übersichtlich darzustellen:

- Schreibe in die Mitte des Blattes das **Thema** des Textes in einen Kreis.
- Zeichne von dem Kreis ausgehend **dicke Äste** und notiere in **Kästen** die **Themen der einzelnen Sinnabschnitte**.
- Schreibe die **weiteren Informationen** zu den jeweiligen Einzelthemen an **dünne Äste**, die von den Kästen abgehen.
- Erstelle zuerst **mit Bleistift** einen **Entwurf**. Diesen kannst du leicht überarbeiten und verbessern. Fertige dann auf dieser Grundlage deine Mindmap z. B. mit Farbstiften an.

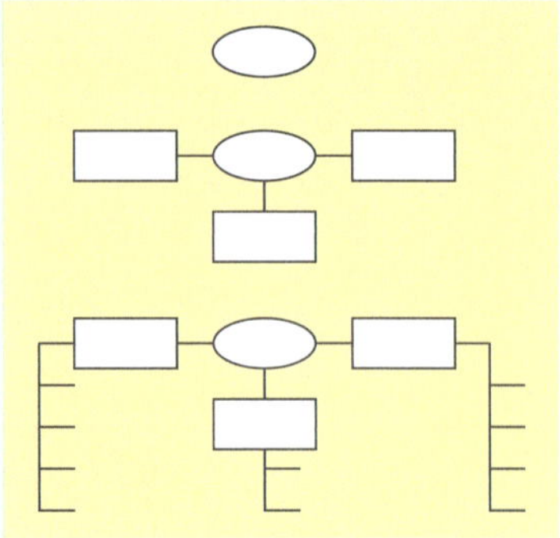

Gutes Vorlesen ist eben, wenn sich keiner langweilt

Tipps zum Vorlesen von Rufus Beck

Ich werde oft gefragt, ob ich schon immer gerne und gut vorgelesen habe. Eigentlich ist das nicht der Fall. Als ich selbst noch ein Kind war, hat mich das aktive Vorlesen wenig interessiert. Lieber habe ich für mich gelesen. Vor allem die Bücher von Karl May, da saß ich oft die ganzen Sommerferien an einem Buch.

Das Vorlesen hat sich erst später ergeben, als ich mich entschlossen habe, Schauspieler zu werden. Als ich in diesem Beruf anfing, habe ich nebenbei auch beim Rundfunk gearbeitet und dort Gedichte und Buchpassagen vorgelesen oder Hörspielrollen gesprochen. Ich bin also über das Radio zum professionellen Vorlesen gekommen.

Gutes Vorlesen ist Kopfarbeit. Am besten funktioniert es, wenn sich der Vorleser dem Buch und den Charakteren öffnet. Man kann nicht distanziert lesen. Wenn man als Vorleser überzeugen will, muss man sich auf die Geschichte einlassen. Insofern hat gutes Vorlesen nur zum Teil mit Talent oder einer guten Stimme zu tun. Das Wichtigste sind das Denken und die Fantasie. Die Zuhörer merken, wenn man etwas unbedacht oder fantasielos vorliest. Dann wird es langweilig. Gutes Vorlesen ist eben, wenn sich keiner langweilt.

Rufus Beck ist Schauspieler und einer der bekanntesten Hörbuchsprecher im deutschen Sprachraum. 2009 wirkte er in der Bundesjury beim Finale des 50. Vorlesewettbewerbs mit.

Gegen die Aufregung beim Vorlesen habe ich ein einfaches Mittel. Ich teile den Text, den ich vorlesen muss, gedanklich immer in kleine Portionen ein. Denn wenn man einen langen Text vorzulesen hat, ist man ja meistens deshalb aufgeregt, weil man so einen Berg vor sich sieht, den man bewältigen muss. Dann wird man leicht nervös und kurzatmig. Deshalb ist es ganz wichtig, dass man den Text in verschiedene Abschnitte unterteilt und sich beim Lesen Zeit lässt. Man liest etwas, macht gedanklich und beim Lesen eine Pause, wenn zum Beispiel ein Punkt kommt oder ein Absatz zu Ende ist, und fängt danach in Ruhe mit dem nächsten Abschnitt an. Denn als Vorleser muss ich dem Zuhörer ja auch die Zeit lassen, das Gehörte zu verstehen. Die Pausen sind wie Trommelwirbel. Die machen die Geschichte spannend. Und rhythmisch, wie Musik.

Wenn man sich mal verspricht, macht das auch nichts – um solche kleinen Pannen kümmere ich mich gar nicht. Man darf sich als Vorleser nicht aus der Ruhe bringen lassen. Wenn man sich von einem kleinen Patzer irritieren lässt, wird man aufgeregt, verspricht sich womöglich wieder, wird noch aufgeregter – das ist ein Teufelskreis. Dabei ist es überhaupt nicht schlimm, wenn man sich mal verhaspelt. Man muss einfach nach vorne gucken, sich auf die nächsten Sätze konzentrieren und in Ruhe weiterlesen. Dann fallen die meisten Versprecher den Zuhörern auch kaum auf. Diese Vorleseregeln gelten für mich eigentlich immer – egal, ob ich im Studio oder zu Hause im Kinderzimmer vorlese.

1. Ordne die folgenden Überschriften einzelnen Sinnabschnitten zu und schreibe sie auf die entsprechende Linie.

> Umgang mit Versprechern • Leseinteressen in der Kindheit • Weg zum professionellen Vorlesen • Tipps gegen die Aufregung • Gutes Vorlesen

2. Arbeite die wichtigsten Informationen der einzelnen Sinnabschnitte heraus.
- Markiere dazu besonders wichtige Wörter und Textstellen farbig.
- Unterstreiche dazugehörige Nebeninformationen.
- Halte das Wichtigste mithilfe von Stichworten neben den entsprechenden Textabschnitten am Textrand fest.

3. Übernehmt die angefangene Mindmap in eure Hefte und vervollständigt sie.

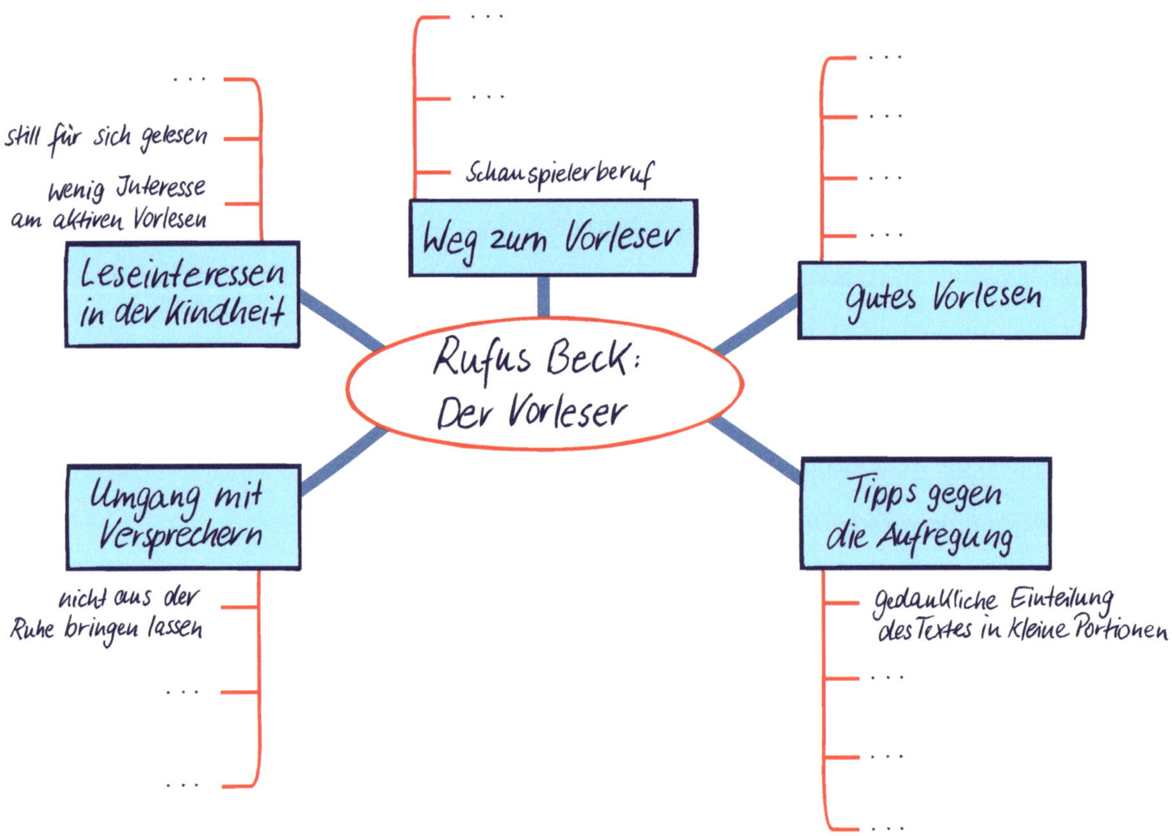

„Erich Kästner" – eine Textzusammenfassung überarbeiten

1. Aydin aus der Klasse 6a hat begonnen, den Lexikonartikel über Erich Kästner zu bearbeiten. Vervollständige die Textarbeit.

Erich Kästner (23.02.1899–29.07.1974)

Erich Kästner wurde 1899 in Dresden geboren. Er stammt aus einfachen Verhältnissen. Sein Vater war Sattlermeister und arbeitete in einer Kofferfabrik. Seine Mutter war Friseurin. In Dresden besuchte Kästner zuerst die Volksschule und danach das Lehrerseminar. Er hatte sich schon als Kind dafür entschieden, Lehrer zu werden. Allerdings stellte er dann fest, dass dieser Beruf nichts für ihn war. So legte er nach dem Ersten Weltkrieg (1914–1918) sein Abitur ab und studierte an der Universität in Leipzig Germanistik. 1925 schloss Kästner sein Studium mit einem Doktortitel ab.

Kindheit, Schule u. Studium

1899: geb. in Dresden

Vater: Sattlermeister

Mutter: Friseurin

Volksschule in Dresden

Berufswunsch: Lehrer → falscher Beruf

1918: Abitur, Germanistikstudium in Leipzig

1925: Doktortitel

Zwei Jahre später ging er nach Berlin. Dort verdiente er sich seinen Lebensunterhalt als freier Journalist und Schriftsteller. Berlin wurde Kästners zweite Heimat. Er liebte diese Stadt und auch sein erster Kinderroman *Emil und die Detektive* spielt in Berlin. *Emil und die Detektive* wurde gleich bei seinem Erscheinen 1929 ein großer Erfolg. Der Roman wurde mehrfach verfilmt. Bis heute hat er sich fast

20 Millionen Mal verkauft. Das Buch ist eines der ersten Kinderbücher, die das Leben von Kindern in einer Großstadt realistisch schildern.

Danach veröffentlichte Kästner rasch mehrere Kinderbücher (*Das fliegende Klassenzimmer, Der 35. Mai* und *Pünktchen und Anton*). Gleichzeitig schrieb er auch Romane (z. B. *Fabian*) und Gedichte (z. B. *Gesang zwischen den Stühlen*) für Erwachsene, die in den 30er-Jahren ebenfalls viel gelesen wurden.

Erich Kästner hat sich oft für Demokratie und Frieden eingesetzt. Dies missfiel Hitler und seiner Partei, die 1933 in Deutschland an die Macht kam. Die Bücher Erich Kästners wurden verbrannt und Kästner erhielt ein Schreibverbot.

Nach dem Ende des Zweiten Weltkrieges (1939–1945) ging Kästner nach München. Dort leitete er eine Tageszeitung und gründete die Kinderzeitschrift *Pinguin*. In den folgenden Jahren schrieb er noch zwei Kinderbücher, die bis heute bekannt sind: *Das doppelte Lottchen* und die *Konferenz der Tiere*. Für seine Bücher erhielt er am Ende seines Lebens zahlreiche Preise und wurde von vielen Menschen verehrt.

Infolge einer schweren Krankheit zog sich Erich Kästner in den letzten Jahren vor seinem Tod immer mehr zurück.

Er starb 1974 in München.

2. Als Hausaufgabe soll die Klasse 6a den Lexikonartikel zusammenfassen. Aydin hat folgende Zusammenfassung auf S. 29 geschrieben. Überarbeite den Text von Aydin:

- Arbeite mit Markierungen im Text und Stichworten am Rand die Fehler heraus, die Aydin beim Inhalt und bei der Form gemacht hat.
- Überarbeite die Hausaufgabe von Aydin und schreibe den verbesserten Text in dein Heft.

Erich Kästner wurde 1899 in Rostock geboren. Seine Familie lebte in bescheidenem Wohlstand. Kästners Mutter war Friseurin. Der Vater war ein Beamter. Schon als Kind wollte Kästner Lehrer werden. So machte er das Abitur, studierte in Leipzig Germanistik und bestand 1925 das Lehrerexamen. Den Beruf des Lehrers gab er zwei Jahre später auf. Kästner zog 1927 nach Berlin ~~Be~~ und arbeitete dort als Journalist und Schriftsteller. 1929 erschien sein erster Kinderroman „Das fliegende Klassenzimmer". Der Roman wurde ein Riesenerfolg. Über 2 Millionen Mal verkaufte er sich bis heute. In rascher Reihenfolge verfasste Kästner danach seine anderen bekannten Kinderbücher wie „Das fliegende Klassenzimmer", „Das doppelte Lottchen", „Ronja Räubertochter" und „Die Konferenz der Tiere". Die Zeit der Herrschaft Hitlers und des Zweiten Weltkrieges verbrachte Kästner ~~in~~ Berlin. Nach dem Zweiten Weltkrieg ging Kästner 1949 nach ~~Mün~~ München. Dort lebte er zurückgezogen, bis er 1974 nach schwerer Krankheit verstarb.

Wer hat diese Jacke gesehen? – Gegenstände beschreiben

Das musst du wissen

Einen **Gegenstand** beschreibt man normalerweise jemandem, der diesen Gegenstand nicht kennt oder ihn **nach deinen Angaben erkennen** soll (z. B. wenn du ihn verloren hast). Du musst ihn also besonders **deutlich beschreiben.**

- Informiere zunächst über die **Gesamtgestalt** (z. B. Armbanduhr mit einem bunten Plastikarmband) und/oder das **auffallendste Merkmal/Hauptkennzeichen** des Gegenstandes (z. B. Abbildungen von bunten Fischen auf dem Armband).
- Beschreibe dann die Einzelheiten wie **Größe, Material, Beschaffenheit der Einzelteile und Funktionsweise** in einer **sinnvollen Reihenfolge** (z. B. von oben nach unten, von innen nach außen usw.).
- Verwende bei deiner Beschreibung **anschauliche Adjektive, passende Verben, treffende Vergleiche** und **Fachausdrücke** (z. B. Zifferblatt, Gehäuse oder Zeiger bei der Beschreibung einer Uhr).
- Beschreibe **sachlich** und benutze das **Präsens.**

1. Gina hat in der Schule ihre Jacke verloren. Sie hat folgende Beschreibung am Schwarzen Brett ausgehängt, um sie wiederzubekommen. Vervollständige ihre Suchanzeige. Benutze dazu die Wörter aus dem Speicher auf S. 31.

Hallo Leute, ich habe meine Lieblingsjacke verloren!

Die ______________________________________

Mädchenjacke hat die Größe 176.

Die __________________________ Bündchen sind

schwarz.

Ein __________________________ Bündchen befindet

sich als __________________________ Stehkragen

am Halsabschluss.

Die ______________________________ und

______________________________ Jacke wird mit

einem ____ Reißverschluss auf der

Vorderseite verschlossen.

An den Schultern sieht man auffällige ______________________________ Schulterklappen,

die durch je einen ______________________ Knopf befestigt sind.

Die ____ seitlichen Taschen sind mit

__________________________________ Garn umnäht.

Wenn jemand von euch die Jacke findet, melde er sich bitte bei mir. Danke,

eure Gina aus der 6a

rosafarbenem • wärmender • gestrickten • sehr breites • schräg angesetzten • halbrunde • runden • blousonartige • hüftlange • durchgehenden schwarzen • schwarz-weiß karierte

2. Viele Gegenstände, wie z. B. eine Armbanduhr, bestehen aus Teilen, die man mit speziellen Fachbegriffen bezeichnet. Sortiere den Fachbegriffen im Kasten die Ziffern der Einzelteile der Uhr richtig zu.

Verstellrädchen _____ • Datumsanzeige _____ • Armband _____ • Zifferblatt _____ • Schnalle _____ • Gehäuse _____ • Zeiger _____

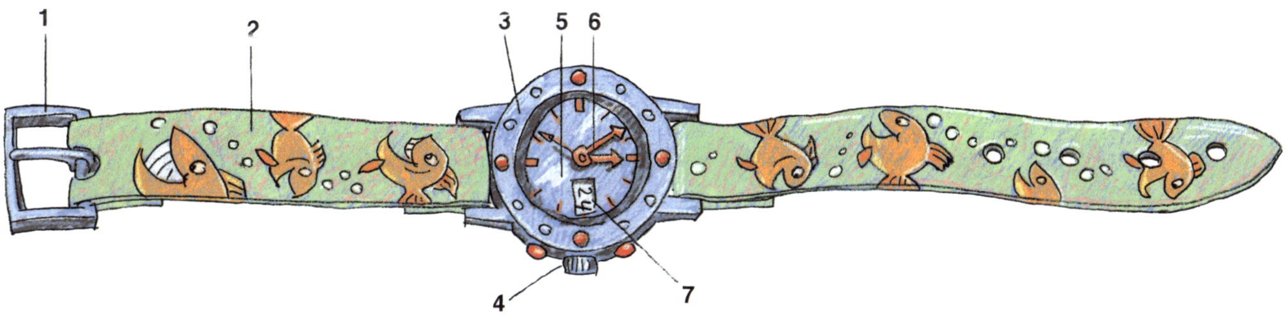

3. Beschreibt die Einzelteile der Uhr möglichst genau mithilfe von Stichworten.

1. Schnalle: hellblau, rechteckig mit einem Dorn
2. Armband: aus bunt bedrucktem Kunststoff, ...

...

4. Fertige nun mithilfe der Fachbegriffe und Stichworte eine genaue Beschreibung der abgebildeten Armbanduhr an. Schreibe sie in dein Heft.

Kennst du das Rezept? – Vorgänge beschreiben

Das musst du wissen

Vorgangsbeschreibungen sind meistens **Anleitungen.** Beispiele dafür sind Back- und Kochrezepte, Spielbeschreibungen oder Bedienungsanleitungen von Geräten. Mit einer Vorgangsbeschreibung informiert man also jemanden darüber, wie etwas hergestellt oder bedient wird bzw. wie es funktioniert.

- Nenne zuerst alle Hilfsmittel wie **Zutaten, Materialien** und **Werkzeuge,** die man benötigt. Wichtig können auch **Mengen-, Zeit-** oder **Maßangaben** sein.
- Gib dann die **einzelnen Tätigkeiten in einer sinnvollen Reihenfolge** an. Beschreibe sie so genau, dass der Leser oder Zuhörer den Vorgang nachvollziehen kann.
- Formuliere **anschaulich, genau** und **sachlich.** Benutze das **Präsens.**
- Du kannst allgemein schreiben (**„man macht zuerst"**) oder den Leser direkt ansprechen (**„du machst dann"**).

1. Bei dem folgenden Rezept für eine Erfrischung ist einiges durcheinandergeraten. Stelle die richtige Reihenfolge wieder her und schreibe die entsprechenden Ziffern (1–6) in die Kästchen.

Kaltes für heiße Tage

☐ Anschließend schüttet man alles in zwei Eiswürfelbehälter und stellt diese ca. 20 Minuten in das Eisfach des Kühlschranks.

☐ Das Ganze kommt erneut in das Gefrierfach und nach ca. einer Stunde sind die Eisspieße fertig. Sie lösen sich am besten aus den Eisbehältern, wenn du diese ganz kurz in eine Schüssel mit heißem Wasser gibst.

☐ 2 Esslöffel Puderzucker werden nun unter ständigem Rühren in den verdünnten Saft gegeben.

☐ Anschließend kommt so viel Wasser hinzu, dass Saft und Wasser insgesamt 1/4 Liter Flüssigkeit ergeben.

☐ Aus drei reifen Orangen und Zitronen wird der Saft gepresst und in ein Litermaß gegossen.

☐ Die Behälter werden nun wieder herausgenommen. Die Flüssigkeit ist inzwischen so weit angefroren, dass man in jedes Fach der Eisbehälter einen kleinen Holzspieß stecken kann.

2. Schreibe auf, welche Zutaten und welche Geräte benötigt werden.

Zutaten: ______________________________

____

Geräte: ______________________________

____

3. Schreibe das gesamte Rezept auf. Stell dir dabei vor, dass du deiner Freundin oder deinem Freund in **einem Brief** mitteilen willst, wie er oder sie Eis herstellen kann.
So könntest du anfangen:

Liebe(r) ...,
gestern habe ich ein köstliches Eisrezept ausprobiert. Das stellt jede Eisdiele in den Schatten.
Am besten besorgst du dir zuerst ...

4. Verfasst ein Rezept zur Zubereitung von Thunfischtoast.
- Seht euch die Zutatenliste auf dieser Seite und die Bilder auf den Seiten 33–35 an.
- Haltet die einzelnen Arbeitsschritte in Stichworten neben den Bildern fest.

5. Schreibe nun in deinem Heft das ganze Rezept auf. Formuliere dabei knapp, aber genau. Der Leser muss während der Zubereitung schnell erfassen können, was er jeweils tun soll.

Thunfischtoast

Zutaten für vier Personen:
4 Scheiben Toast
Butter zum Bestreichen
1 Dose Thunfisch natur (Abtropfgewicht 150 g)
2 Tomaten
4 Scheiben Käse zum Überbacken (Gouda oder Edamer, je 20 g pro Toast)
1 Tomate und 1 Bund Pertersilie zum Garnieren

1. Den Backofen einschalten auf 225 °C, beim Gasherd auf Stufe 4.

2. Das Toastbrot im Toaster rösten und dann etwas abkühlen lassen.

3. Die Scheiben mit etwas Butter bestreichen.

4. Die Toastscheiben ______________________

____

____

____

5. ______________________

____

____

____

6. ______________________

____

____

____

7. ______________________

____

____

____

8. ______________________________

9. ______________________________

10. ______________________________

11. ______________________________

12. ______________________________

Welche Merkmale hat ein Bericht? – Berichte untersuchen

Das musst du wissen

- Ein Bericht **informiert sachlich** über ein meist vergangenes Ereignis. Deshalb wird fast immer im **Präteritum** berichtet.
- Ein Bericht gibt in der Regel auf die folgenden **W-Fragen** Antworten:
  - **Was** ereignete sich?
  - **Wer** war beteiligt?
  - **Wo** geschah es?
  - **Wann** ereignete es sich?
  - **Wie** und **warum** geschah es?
  - **Welche** Folgen ergaben sich?
- Ein Bericht besteht in der Regel aus **Einleitung** (kurze Beantwortung der W-Fragen: Was? Wer? Wo? Wann?), **Hauptteil** (Bericht über den genauen Hergang des Geschehens) und **Schluss** (mögliche Folgen).

Aus der Zeitung

Pixie, Pudelhündin aus dem US-Bundesstaat North Carolina, hat im Frühjahr drei verwaisten Eichhörnchenbabys das Leben gerettet.

Der Baum, in dem die Neugeborenen gelebt hatten, war der Säge zum Opfer gefallen. Als Ersatzmutter bot sich Pixie an. Hundehalterin Gail Latta sagte, sie habe vergeblich versucht, die Eichhörnchen mit Dosenmilch zu füttern. Dann hatte sie die Idee, es mit Pixie zu probieren, die vor Kurzem selbst Welpen hatte. Die Welpen waren bereits verkauft, aber die vierjährige Hündin hatte noch Milch. Pixie nahm die Adoptivkinder so fürsorglich an, als wären es ihre eigenen Babys.

Pixie hat ihre Adoptivkinder inzwischen groß bekommen, sodass die Eichhörnchen nun entwöhnt und ausgewildert werden konnten.

(Süddeutsche Zeitung, Nr. 75, 31.3.2010, S. 12; apn)

1. Beantworte zu dem Zeitungsbericht stichwortartig die W-Fragen.

Was? – Drei Eichhörnchenbabys von einem Pudel gerettet

Wer? –

Wo? –

Wann? –

Wie und warum? –

Welche Folgen? – ______________________________

____

2. Suche aus dem Bericht die Verbformen im Präteritum heraus.

war, ______________________________

3. Ordne den drei Absätzen des Zeitungsberichts die folgenden Begriffe aus dem Kasten zu.

Erster Absatz: ______________________________

Zweiter Absatz: ______________________________

Dritter Absatz: ______________________________

- Bericht über den genauen Hergang des Geschehens
- Folgen des Geschehens
- kurze Beantwortung der wichtigsten W-Fragen: Was? Wer? Wo? Wann?

4. Beantworte in deinem Heft zu dem folgenden Zeitungsbericht in Stichworten die W-Fragen: Was? Wer? Wo? Wann? Wie und warum? Welche Folgen?

Aus der Zeitung

Rheda-Wiedenbrück. Ein Brand im Spänebunker eines Spanplattenwerkes in Rheda-Wiedenbrück forderte in den gestrigen Abendstunden einen Verletzten. Es entstand ein Schaden in Höhe von 500.000 Euro.
Als Unglücksursache wird ein technischer Defekt vermutet. Wahrscheinlich entzündeten sich Holzspäne infolge einer heiß gelaufenen Antriebswelle. Bei dem Versuch, das Feuer auf eigene Faust zu bekämpfen, erlitt ein Arbeiter, der als Fräser in dem Werk tätig ist, eine Rauchvergiftung. Acht Feuerwehren waren bis in die frühen Morgenstunden mit Löscharbeiten beschäftigt. Bei Messungen in der Rauchwolke, die der Brand verursacht hatte, wurden keine bedenklichen Schadstoffwerte festgestellt.

5. Der Arbeiter erholt sich schnell von seiner Rauchvergiftung. Die Versicherung bittet ihn, vom Unfall kurz aus seiner Sicht zu berichten. Schreibe einen Bericht in der Ich-Form auf. So kannst du anfangen:

Es war kurz vor Feierabend, ca. 16.30 Uhr. Ich befand mich zu diesem Zeitpunkt gerade ...

Tipp: Du berichtest in der Ich-Form. Denke aber daran, dass du trotzdem sachlich formulieren musst.

Aber, als ... – mit Konjunktionen genauer berichten

Das musst du wissen

- Du kannst zwei Hauptsätze oder einen Haupt- und einen Nebensatz durch **Konjunktionen** verbinden. So formulierst du abwechslungsreicher und **berichtest genauer.**
- Hierfür benutzt man oft folgende **Konjunktionen:**
  aber, als, bevor, bis, da, damit, dass, denn, deshalb, jedoch, nachdem, obwohl, oder, sodass, trotzdem, und, während, weil, wenn, ...
- Oft entsteht ein Satzgefüge aus Haupt- und Nebensatz, wenn du Sätze mithilfe von Konjunktionen verbindest. Nebensätze werden immer durch ein Komma vom Hauptsatz abgetrennt.
  Beispiel: *Jonas jubelt, weil er ein Tor geschossen hat.*
  (Hauptsatz: *Jonas jubelt*; Konjunktion: *weil*; Nebensatz: *weil er ein Tor geschossen hat*)

1. Vervollständigt die folgenden Sätze, indem ihr in die Lücken Konjunktionen einsetzt. Benutzt die Konjunktionen aus der Lernbox.

a) Die Klasse 6b freut sich auf den nächsten Wandertag, ______________ die Schüler ins Eisstadion fahren werden.

b) Die Schüler müssen keine eigenen Schlittschuhe besitzen, ______________ sie diese im Eisstadion ausleihen können.

c) ______________ die Schüler auf dem Eis sind, müssen sie sehr vorsichtig sein.

d) Marvin fühlt sich noch unsicher auf dem Eis, ______________ seine Freunde Mika und Onur werden ihm helfen.

2. Verbindet die Satzpaare mithilfe der Konjunktionen in den Klammern, sodass ein Satzgefüge aus Haupt- und Nebensatz entsteht. Schreibt die neuen Sätze auf.
Unterstreicht die Konjunktionen und kreist die Kommas ein.

a) Herr Schrader fährt mit der 6b ins Eisstadion. Die Klasse hat sich dies gewünscht. (weil)

b) Natalie und Özlem sind sehr aufgeregt. Sie gehen oft ins Eisstadion. (obwohl)

c) Die Stimmung ist gut. Die Schüler sind im Eisstadion. (während)

d) Herr Schrader erklärt die Regeln für das Eisstadion. Die Schüler dürfen aufs Eis. (bevor)

e) Alle Schüler sind sehr vorsichtig. Niemand muss einen Unfallbericht schreiben. (damit)

f) Die Klasse ist fröhlich. Alle hatten viel Spaß. (da)

g) Die Jungen und Mädchen fahren zurück zur Schule. Alle haben ihre geliehenen Schlittschuhe zurückgegeben. (nachdem)

3. Verbinde die Satzpaare mithilfe der Konjunktionen in Klammern, sodass eine Satzreihe aus zwei Hauptsätzen entsteht. Schreibe die neuen Sätze in dein Heft.
Unterstreiche die Konjunktionen und kreise die Kommas ein.

a) Herr Schrader geht mit der 6b zum Eislaufen. Die Klasse geht nicht zum Schlittenfahren. (aber)

b) Herr Schrader ist unsicher beim Schlittschuhfahren. Er geht mit seiner Klasse ins Eisstadion. (trotzdem)

c) Auch Herr Schrader muss sich Schlittschuhe leihen. Er besitzt keine eigenen. (denn)

d) Herr Schrader steht erst noch unsicher auf dem Eis. Später läuft er ganz sicher. (doch)

e) Der Ausflug verläuft ohne Zwischenfälle. Herr Schrader ist erleichtert. (deshalb)

4. Überarbeite den folgenden Bericht über den Wandertag zum Eisstadion und schreibe ihn neu in dein Heft. Verbinde die Sätze mithilfe von Konjunktionen.

Am 27. Januar 2010 machte die Klasse 6b einen Wandertag zum Eisstadion. Alle Schülerinnen und Schüler der Klasse nahmen teil. Niemand war krank. Die Klasse traf sich um 8 Uhr vor der Schule. Alle gingen zur Bushaltestelle. Der Klassenlehrer, Herr Schrader, kaufte eine Gruppenfahrkarte für die Klasse. Die Schüler stiegen ein. Alle fuhren mit dem Bus zum Eisstadion. Die Schüler waren sehr aufgeregt. Im Eisstadion erklärte Herr Schrader die Regeln. Es sollte keinen Unfall geben. Auf dem Eis hatte die Klasse viel Spaß. Natalie und Özlem zeigten Kunststücke. Mika und Onur halfen Marvin. Er fiel nicht hin. Die 6b kam mittags wieder in der Schule an. Die Schüler gingen nach Hause. Dort erzählten sie von ihren Erlebnissen.

Wann? Wo? Wie? ... – Mit adverbialen Bestimmungen genauer berichten

Das musst du wissen

- Mithilfe von adverbialen Bestimmungen kannst du genauer berichten. Adverbiale Bestimmungen sind Satzglieder, die genauere Angaben machen.
  Man unterscheidet verschiedene adverbiale Bestimmungen:
  - der **Zeit** (*Wann* kommst du wieder? – Ich komme *morgen*.)
  - des **Ortes** (*Wo* wohnt sie? – Sie wohnt *in Hamburg*.)
  - der **Art und Weise** (*Wie* macht er seine Hausaufgaben? – Er macht sie *sorgfältig*.)
  - des **Grundes** (*Warum* bleiben sie im Haus? *Weil das Wetter schlecht ist,* bleiben sie im Haus.)
  - des **Mittels** (*Womit* öffnete sie das Paket? – Sie öffnete es *mit einem Messer*.)
- Die adverbiale Bestimmung kann als **Wort** (*morgen*), als **Wortgruppe** (*in Hamburg*) oder als **Nebensatz** (*Weil das Wetter schlecht ist, ...*) auftreten.

1. In dem folgenden Bericht sind alle adverbialen Bestimmungen unterstrichen. Schreibe in die Klammern, um welche Art von adverbialer Bestimmung es sich jeweils handelt (Zeit, Ort, Art und Weise, Grund, Mittel).

Familie Müller ist im Sommer (__________) der Hund entlaufen. Die Müllers machten Urlaub im Harz (__________). Während eines Spaziergangs (__________) sah Krümel, der Hund, einen Hasen und lief plötzlich (__________) los. Frau Müller rief laut (__________) hinter dem Hund her, weil dieser davonlief (__________). Sie pfiff sogar mit der Hundepfeife (__________), doch Krümel kehrte nicht um.

2. In den folgenden Sätzen fehlen adverbiale Bestimmungen. Schreibe die Sätze in dein Heft und ergänze sie mit passenden adverbialen Bestimmungen aus dem Wortspeicher.

- Ein Wanderer fand den Hund der Familie Müller.
- Er brachte ihn zum Tierheim.
- Das Tierheim fand heraus, wer der Besitzer des Hundes ist.
- Die Leiterin des Tierheims rief Familie Müller an.
- Die Müllers fuhren zum Tierheim.
- Krümel bellte vor Freude.

im Nachbarort • schnell • im Wald • laut • schnell • wegen der Hundemarke • sofort • gestern • als er seine Familie sah

Der Unfall geschah, weil ... – Berichte schreiben

Das musst du wissen

- Nachdem du als Vorbereitung für deinen Bericht einen Stichwortzettel angelegt hast, kannst du den Bericht ausformulieren.
- Überprüfe zunächst, ob der Stichwortzettel alle wichtigen Informationen enthält.
- Denke beim Ausformulieren an den Aufbau eines Berichts. Ein Bericht besteht in der Regel aus:
  - **Einleitung** (kurze Beantwortung der wichtigsten W-Fragen: Was? Wer? Wo? Wann?),
  - **Hauptteil** (Bericht über den genauen Hergang des Geschehens) und
  - **Schluss** (mögliche Folgen).

1. Setze den angefangenen Unfallbericht mithilfe der Stichworte zu den W-Fragen fort.

Was? – Wandertag 6a, Unfall beim Schlittenfahren

Wer? – Michael S.

Wo? – Schlossberg in Winterberg

Wann? – 22. Januar 2010

Wie? – Abfahrt am Schlossberg mit einem Schlitten, Abheben vom Boden, Landung auf dem Rücken, Krankenwagen, Untersuchung vor Ort, Transport ins Krankenhaus

Warum? – vereiste Piste, hohe Geschwindigkeit, tiefes Loch in der Piste

Welche Folgen? – Prellungen, beschädigter Schlitten

Unfallbericht

Am 22. Januar 2010 kam es beim Wandertag der Klasse 6a nach Winterberg zu einem Unfall beim Schlittenfahren, bei dem der Schüler Michael S. verletzt wurde.
Michael und seine Mitschülerinnen und Mitschüler fuhren am Schlossberg ...

2. Schreibe einen Bericht zu dem folgenden Stichwortzettel.

Was?	Zusammenprall mit den Köpfen
Wer?	Eva K. und Burak C.
Wo?	Flur vor dem Kunstraum im ersten Stock
Wann?	18. Oktober 2010, kleine Pause nach der ersten Stunde
Wie?	Toben im Schulgebäude, Verfolgungsjagd, Zusammenprall von Eva und Burak mit den Köpfen, Lehrerin versorgt Verletzte mit Kühlpacks
Warum?	Streit um Tanjas Mütze
Welche Folgen?	Beulen am Kopf, Kopfschmerzen, keine weiteren körperlichen Folgen, Fortsetzung des Unterrichts möglich

Markus besucht die 6. Klasse der Anne-Frank-Schule. Er arbeitet bei der Schülerzeitung mit. An seiner Schule fand zwei Tage vor den Sommerferien am 16. 07. ein Sportfest statt. Um darüber in der Schülerzeitung berichten zu können, hat er folgendes Interview mit seiner Sportlehrerin Frau Weiz durchgeführt:

Markus: Hallo Frau Weiz, schön, dass Sie Zeit haben. Wir wollen nämlich einen Bericht über das Sportfest gestern schreiben. Ich selbst konnte ja leider nicht mitmachen, weil meine Uroma 100 Jahre alt geworden ist und ich zu Hause helfen musste.

Frau Weiz: Dann schieß mal los.

Markus: Um wie viel Uhr begann das Sportfest und wie viele Schülerinnen und Schüler haben teilgenommen?

Frau Weiz: Es begann um 8:00 Uhr mit einer kleinen Rede unseres Schulleiters, die eigentlichen Wettkämpfe gingen um 8:30 Uhr los. Teilgenommen haben alle Schülerinnen und Schüler der Unter- und Mittelstufe. Einige ältere Schüler waren als Helfer eingeteilt, die anderen hatten Unterricht. Also insgesamt haben fast alle 800 Schüler teilgenommen.

Markus: Und wann war alles vorbei?

Frau Weiz: Mittags um 13:00 Uhr, danach gab es noch ein Fußballspiel Lehrer gegen Schüler. Leider haben die Lehrer 2:1 verloren.

Markus: Wie lange hat es eigentlich gedauert, bis der ganze Organisationsplan stand? Das muss doch viel Arbeit gewesen sein.

Frau Weiz: Wir Sportlehrerinnen und Sportlehrer haben etwa sechs Wochen vorher damit angefangen. Das war ganz schön viel Arbeit, aber es haben alle tatkräftig mitgeholfen.

Markus: Gab es denn auch besondere Leistungen?

Frau Weiz: Und ob! Zunächst muss ich aber sagen, dass sich alle sehr angestrengt haben, auch wenn nicht jeder mit seiner Zeit oder Sprungweite zufrieden war. Besonders gut abgeschnitten haben Juliane Bach aus der 6c und Markus Kirchhoff aus der 9a. Beide haben über 1500 Punkte erzielt. Diese Punktzahl erreichen nur die Allerwenigsten. Ich glaube, es ist schon vier Jahre her, dass jemand so gut war.

Markus: Wird es im nächsten Jahr wieder ein Sportfest geben?

Frau Weiz: Das ist noch nicht sicher. Wir überlegen, ob wir nicht mal ein Sportfest mit Ballspielen durchführen sollen.

Markus: Danke für das Gespräch und schöne Ferien.

Frau Weiz: Die Ferien haben wir uns alle verdient.

3. Schreibe einen Bericht über das Sportfest, wie er in der Schülerzeitung stehen könnte. Erstelle zunächst mithilfe des Interviews einen Stichwortzettel. Halte dafür die Antworten auf die W-Fragen in Stichworten fest.

Der aufregende Segelausflug – den Spannungsaufbau untersuchen

Das musst du wissen

Eine Erzählung besteht meist aus drei Teilen.

- Die **Einleitung** führt den Leser in die Erzählung ein.
- Der **Hauptteil** erzählt das eigentliche Geschehen und besteht aus der **Spannungssteigerung** und dem **Höhepunkt**.
- Der **Schluss** rundet das Geschehen ab.

1. Die Reihenfolge der Bilder ist durcheinandergeraten. Ordne die Bilder und schreibe die Zahlen in der richtigen Reihenfolge auf.

____

2. Beschreibt den Handlungs- und Spannungsaufbau der Bildergeschichte. Tragt dazu Fachwörter aus dem Speicher in die grünen Kästen unterhalb der Spannungskurve auf Seite 44 ein.

Spannungssteigerung • Schluss • Höhepunkt • Einleitung

3. Fasst oberhalb der Spannungskurve in den blauen Kästen den Inhalt der einzelnen Bilder in Stichworten zusammen.

Der Junge winkt
seinem Vater vom
Segelboot aus zu.

Der Segeltrip – die Erzählweise untersuchen

Das musst du wissen

Der Erzähler kann zwischen **zwei Erzählformen** wählen.

- Die **Ich-Erzählung** wird in der **Ich-Form** geschrieben, als ob jemand es selbst erlebt hätte. Der Leser erfährt **nur die Sichtweise dieser Person,** was sie denkt, fühlt und erlebt.
- Bei der **Er-/Sie-Erzählung** wird in der **Er-/Sie-Form** erzählt. Der Erzähler ist nicht am Geschehen beteiligt. Er kann wählen, ob er nur die **Sicht** (Gedanken, Gefühle und Erlebnisse) **einer Figur oder die Sicht mehrerer Figuren** wiedergibt.

1. Die Erzählweise der drei Erzählanfänge ist ganz unterschiedlich. Schreibt jeweils die gewählte Erzählform unter den Text.

1 Herr Müller begleitete Michael zum Steg. Michael machte das Boot fertig und bestieg es mit Bello, seinem Hund. Der Vater winkte den beiden nach und machte es sich in einem Liegestuhl bequem. Auf einmal schreckte er hoch. Er sah, wie Michael aus dem Boot ins Wasser fiel. „Mein Gott! Was soll ich nur machen?“, schoss es ihm durch den Kopf. Michael tauchte immer wieder unter und wieder auf. „Du schaffst das!“, schrie er Michael zu.

Erzählform: ____________________

Sicht: ____________________

2 Es geschah an meinem letzten Ferienfreitag. Mein Vater hatte mir erlaubt, mit Bello, meinem Hund, auf den See hinauszufahren. Bello und ich stiegen in das Boot und glitten fröhlich auf den See hinaus.

Erzählform: ____________________

Sicht: ____________________

3 Lange hatte Herr Müller überlegt, ob er seinem Sohn Michael erlauben sollte, auf den See hinauszufahren. Heute Morgen rang er sich dazu durch. „Prima“, jubelte Michael, „aber Bello kommt auch mit.“ Bello war der Hund der Familie. Bello und Michael sprangen in das Boot und legten ab. „Super“, dachte Michael, „ich hätte nie gedacht, dass mir Vater das erlauben würde.“ Herr Müller sah dem Boot hinterher und dachte: „Immer mache ich mir Sorgen. Was soll schon passieren?“

Erzählform: ____________________

Sicht: ____________________

2. Ordnet die Textausschnitte den Erzählanfängen zu. Schreibt in den Kreis die Nummer des entsprechenden Erzählanfangs.

A „Ich hätte es ihm nie erlauben dürfen", warf Herr Müller sich vor. Verzweifelt lief er auf dem Steg herum und suchte ein Boot. Michael ruderte draußen auf dem See mit den Armen. Was der Junge rief, konnte der Vater nicht verstehen.

B Kraftlos krallte ich mich in das lange Hundefell. Mir war schwarz vor Augen. Da spürte ich, wie ich fortgezogen wurde. Immer wieder musste ich husten, weil ich Wasser schluckte.

C Atemlos sah Herr Müller zu, wie Michael sich an Bello klammerte. „Du schaffst es, du schaffst es!", beschwor er Michael innerlich und rief so laut er konnte: „Hierher, Bello!"

D Michael nahm Bellos Kopf in beide Hände und sagte: „Danke, alter Junge!" Herr Müller konnte immer noch nicht fassen, was Bello getan hatte. Er war überglücklich. Michael dachte: „Das hätte wirklich schiefgehen können."

E Mit Tränen in den Augen zog mein Vater mich auf den Steg. „Geht es dir gut?", fragte er völlig außer Atem vor Aufregung.

3. Wähle einen Erzählanfang aus und erzähle die Geschichte zu der Bilderfolge auf Seite 43 zu Ende. Benutze dazu deine Notizen aus Aufgabe 2. Beachte, dass du die Erzählform und die Sicht, aus der erzählt wird, durchgehend beibehältst.

Jans Aquarium – bekannte Wortarten wiederholen

Das musst du wissen

- **Nomen/Substantive** bezeichnen Lebewesen, Gegenstände, Vorgänge und Zustände und werden immer großgeschrieben (*Tisch, Bewegung, Freiheit*).
- **Artikel** sind **Begleiter** des Nomens/Substantivs und zeigen das Genus (das grammatische Geschlecht) an.
- Wir unterscheiden zwischen **bestimmten** Artikeln (*der Fisch*) und **unbestimmten** Artikeln (*ein Fisch*).
- **Verben** bezeichnen Tätigkeiten (*schwimmen, angeln, tauchen*).
- **Adjektive** bezeichnen Eigenschaften (*der seltene Fisch, ein großes Aquarium, die liebevolle Pflege*).
- **Personalpronomen** ersetzen Nomen/Substantive und bezeichnen meistens eine Person oder Sache. (*Der Fisch schwimmt im Aquarium. Er schwimmt im Aquarium.*)
- **Possessivpronomen** begleiten fast immer Nomen/Substantive und zeigen den Besitz oder die Zugehörigkeit an. (*Jan besitzt ein Aquarium. Es ist sein Aquarium.*)

1. Füllt das Rätsel aus. Das Lösungswort ergibt einen besonderen Lebensraum für Fische.

- Mensch, der sich unter Wasser bewegen kann →
- Personalpronomen, 1. Person Singular →
- nicht falsch, sondern ... →
- ← nicht flach, sondern ...
- Tätigkeit, um sich über Wasser zu halten →
- ← bestimmter Artikel (weibl.)
- Personalpronomen, 3. Person Singular (männl.) →
- Eigenschaft des Wassers →
- Wassertier mit vielen Tentakeln →
- ihre Schale liegt oft am Strand →
- Tätigkeit, um Fische zu fangen →
- ← bestimmter Artikel (männl.)
- Possessivpronomen, 3. Person Singular und 3. Person Plural →
- ← Personalpronomen, 2. Person Singular
- Possessivpronomen, 1. Person Singular →

2. Trage die Rätselwörter von Aufgabe 1 auf Seite 47 nach Wortarten geordnet in die Abbildungen der Meeresbewohner ein.

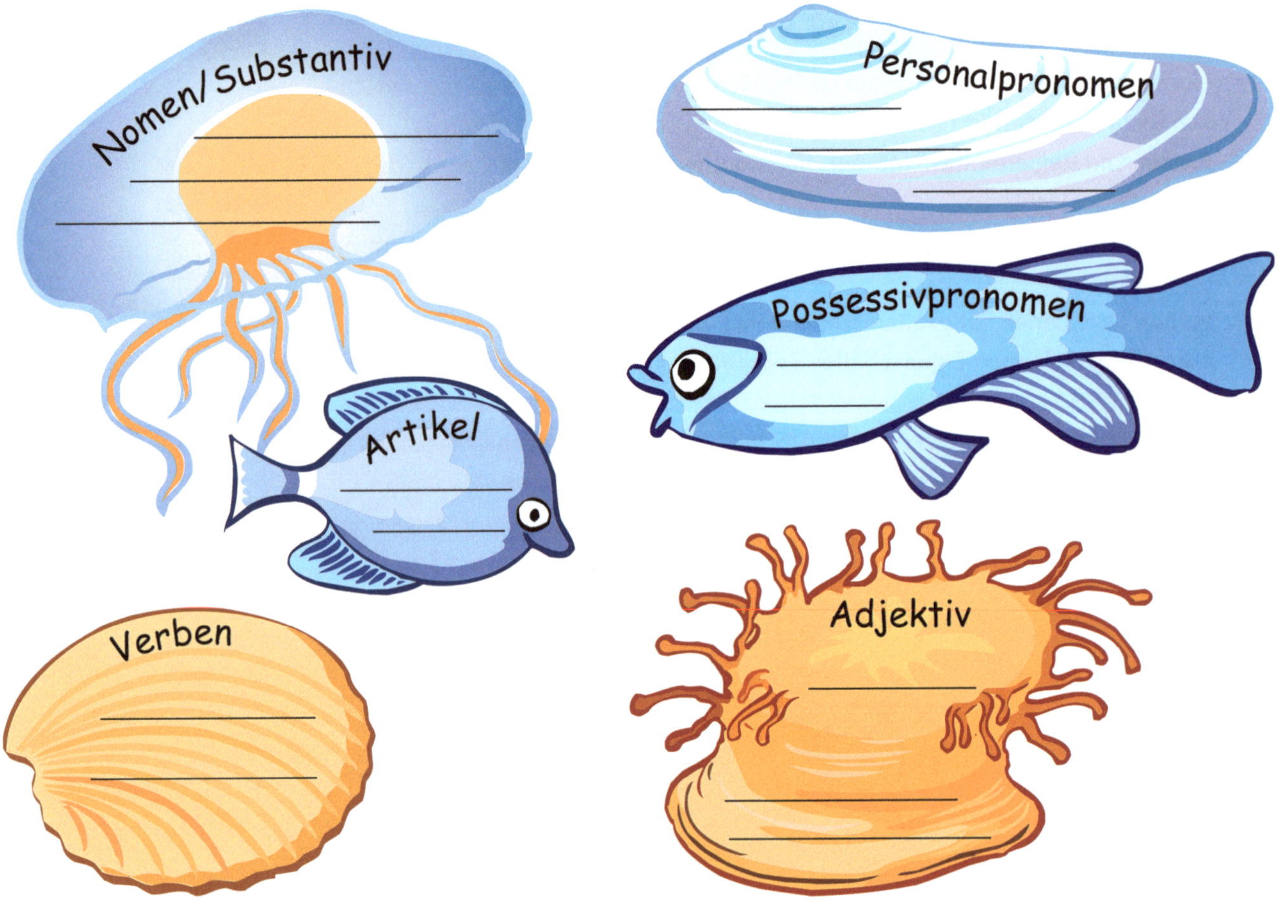

3. Unterstreiche die Wörter der folgenden Sätze nach ihren Wortarten mit verschiedenen Farben. Du benötigst sechs verschiedene Farbstifte.

Jans liebstes Hobby

1. Jan besitzt ein kleines Aquarium.
2. Er versorgt seine hungrigen Fische.
3. Sie erhalten gesundes Futter.
4. Wasserpflanzen erzeugen eine gute Wasserqualität.
5. Den Boden des Glasgefäßes bedecken kleine Kieselsteine.
6. Sie bilden Hohlräume.
7. Ihre Höhlen sind gute Fischverstecke.

4. Schreibe die Wortart mit der entsprechenden Farbe unter die Sätze. Gehe so vor: Wenn du alle Nomen/Substantive z. B. grün unterstrichen hast, dann schreibst du auf die Linie hinter *Wortart (Farbe 1)* mit dem grünen Stift *Nomen/Substantiv*.

- *Wortart (Farbe 1)* ______________________
- *Wortart (Farbe 2)* ______________________
- *Wortart (Farbe 3)* ______________________
- *Wortart (Farbe 4)* ______________________
- *Wortart (Farbe 5)* ______________________
- *Wortart (Farbe 6)* ______________________

Im Tiefseeaquarium – Pronomen verwenden

Das musst du wissen

Die deutsche Bezeichnung für **Pronomen** ist **Fürwort**. Diese Bezeichnung weist darauf hin, dass Pronomen **anstelle von Nomen/Substantiven stehen** und sie vertreten **können**. Man unterscheidet folgende Pronomen:

- Das **Personalpronomen** (= persönliches Fürwort) steht stellvertretend für eine Person oder Sache. (*Maike schenkt das Buch Markus. – **Sie** schenkt **es** **ihm**.*)
- Das **Possessivpronomen** (= besitzanzeigendes Fürwort) gibt die Zugehörigkeit von Personen und Sachen an. (*Ich habe **meine** Hausaufgaben erledigt.*)
- Das **Demonstrativpronomen** (= hinweisendes Fürwort) weist auf eine Person oder Sache hin. (***Dieser** Verein gefällt mir am besten. **Solche** Tore möchte ich auch schießen.*)
  Zu den Demonstrativpronomen zählen folgende Wörter:
  dieser, diese, dieses/solcher, solche, solches/jener, jenes, jene/derjenige, diejenige, dasjenige/derselbe, dieselbe, dasselbe.

1. Vervollständige den folgenden Text. Setze dazu die Personal- und Possessivpronomen aus dem Wortspeicher ein.

sie • ich • seiner • dir • wir • ihr • sie • Er • seinem • euch • Ihr • Du

Im Tiefseeaquarium

Jan besucht mit ____________ *(Possessivpronomen)* kleinen Schwester Laura in den Ferien ein Tiefseeaquarium. Nachdem ____________ *(Personalpronomen)* ____________ *(Possessivpronomen)* Eintrittsgeld bezahlt haben, betreten ____________ *(Personalpronomen)* eine geheimnisvolle Welt. Nur das riesige Aquarium ist beleuchtet und erhellt mit ____________ *(Possessivpronomen)* Licht den ansonsten dunklen Raum. Die beiden Kinder sehen eine fantastische Unterwasserlandschaft mit Felsen, Wasserpflanzen und natürlich zahllosen Wasserbewohnern. „Komm, ____________ *(Personalpronomen)* gehen einmal in den Tunnel. ____________ *(Personalpronomen)* brauchst

keine Angst zu haben, __________ *(Personalpronomen)* bin ja bei __________ *(Personalpronomen)*“, flüstert Jan und zieht Laura in den Tunnel, der direkt durch das Aquarium führt. „__________ *(Personalpronomen)* habt Glück“, sagt plötzlich die Stimme eines Aufsehers, „heute lässt sich der seltene Riemenfisch einmal sehen. __________ *(Personalpronomen)* ist direkt über __________ *(Personalpronomen)*.“

2. In der folgenden E-Mail von Jan an seinen Freund Dario kommen Personalpronomen (Pers.), Possessivpronomen (Poss.) und Demonstrativpronomen (Dem.) vor. Bestimme die Pronomen und schreibe in die Klammern die richtige Abkürzung.

Hallo Dario,

dein (Poss.) Ausflugstipp zum Meerwasseraquarium war echt super. Meine (__________) Schwester Laura und ich (__________) haben heute den ganzen Nachmittag dort zugebracht. Wusstest du (__________) eigentlich, dass sie (__________) dort auch einige Tiefseefische haben? Es (__________) ist ja extrem schwierig, solche (__________) Fische in Aquarien zu halten. Sie (__________) leben nämlich in großen Tiefen und in völliger Dunkelheit. Ich (__________) bringe Fotos mit, dann kannst du (__________) mal sehen, wie ungewöhnlich diese (__________) Fische aussehen.

Wir (__________) konnten übrigens auch einen echten Kraken bewundern. Er (__________) ist aber nicht so begabt, wie jener (__________) Artgenosse, der Fußballergebnisse voraussagen kann.

Morgen haben Mama und Laura ihren (__________) Einkaufstag! Am liebsten würde ich (__________) dann wieder ins Aquarium fliehen.

Grüße deine (__________) Familie, bis bald!

Jan

Wo versteckt sich der Krake? – Präpositionen verwenden

Das musst du wissen

- **Präpositionen** geben an, in welchem Verhältnis, welcher Beziehung Personen oder Gegenstände zueinander stehen.
- Häufig gebrauchte Präpositionen sind:
  ab, an, auf, aus, bei, durch, für, hinter, in, mit, nach, neben, ohne, über, um, unter, von, vor, zwischen, …
- Oft **verschmelzen Präpositionen mit** einem bestimmten **Artikel**, z. B.: aus ***in dem*** wird ***im***, aus ***bei dem*** wird ***beim***.
  Zu den Präpositionen, die mit einem bestimmten Artikel verschmolzen sind, gehören:
  am (*an + dem*), ***ans*** (*an + das*), ***beim*** (*bei + im*), ***fürs*** (*für + das*), ***im*** (*in + dem*), ***ins*** (*in + das*), ***vom*** (*von + dem*), ***zum*** (*zu + dem*), ***zur*** (*zu + der*).

1. Schau dir das Bild gut an und beantworte dann die Fragen in deinem Heft. Verwende dazu die Präpositionen aus dem Wortspeicher.

hinter • durch • in/im • unter • aus • zum • auf • an

a) Was macht das U-Boot? (→ Das U-Boot fährt **durch** das Wasser.)
b) Wo versteckt sich der Krake?
c) Wo krabbelt der kleine Krebs?
d) Wo befindet sich die Menschenstadt?
e) Was macht der Einsiedlerkrebs?
f) Wohin schwimmt der gelbe Fisch?
g) Wo befinden sich die schwarz-gelben Aufkleber?
h) Wo befindet sich das Bootswrack?

2. Formuliere noch fünf weitere Fragen und Antworten zu der Unterwasserwelt. Schreibe sie in dein Heft.

3. Schreibe den folgenden Text „In dem großen Barriere-Riff" in dein Heft.
- Ersetze dabei die unterstrichenen Präpositionen und Artikel (***In dem*** *großen Barriere-Riff*) durch ihre Verschmelzungen (***Im*** *großen Barriere-Riff*).
- Unterstreiche die mit einem bestimmten Artikel verschmolzenen Präpositionen in deinem Text.

In dem großen Barriere-Riff

Vor der Küste Australiens liegt das größte und bekannteste Korallenriff der Welt – das große Barriere-Riff (Great Barrier Reef). Es wird zu den sieben Weltwundern der Natur gerechnet. Und die UNESCO hat es **zu dem** Weltnaturerbe erklärt.
In dem Korallenriff leben zahlreiche seltene Tiere. Einige Wasserschildkrötenarten sind sogar **von dem** Aussterben bedroht. Sie nutzen das Riff **zu dem** Ablegen ihrer Eier. **In dem** Riff leben auch Buckelwale. Das warme Wasser ist ideal für sie **zu dem** Gebären ihrer Jungen. **Von dem** Riff haben auch seltene Schnecken und Muscheln einen Vorteil. **An dem** Ökosystem Korallenriff kann jede Veränderung große Schäden verursachen. **Bei dem** Tauchen oder Schwimmen im Riff sollte man deshalb besonders vorsichtig sein. **Zu der** Freude der Touristen gibt es Glasbodenboote **zu der** Erkundung der Unterwasserwelt.

4. Vergleicht die beiden Bilder miteinander und markiert die Unterschiede auf dem rechten Bild mit einem Kreis. Ihr könnt zehn Unterschiede finden.

5. Formuliere Sätze, in denen du die gefundenen Unterschiede beschreibst. Verwende dabei Präpositionen. Schreibe die Sätze in dein Heft.
Beispiel: Über der Schildkröte am rechten oberen Bildrand schwimmen nur zwei Fische.

6. Unterstreiche die Präpositionen in deinen Sätzen.

Mit dem Boot auf Erkundungsfahrt – Adverbien verwenden

Das musst du wissen

- Das **Adverb** erläutert einen Sachverhalt näher. Es gibt an, **wo** etwas passiert, **wann** etwas geschieht und **wie** etwas abläuft. Es **verändert sich** im Satz **nicht**. Der **Plural** (= Mehrzahl) von Adverb lautet **Adverbien**.
- Man unterscheidet folgende Adverbien:
  Adverbien des Ortes (Wo? Woher? Wohin?): dort, heimwärts, bergauf, ...
  Adverbien der Zeit (Wann? Wie lange?): neulich, morgens, dann, ...
  Adverbien der Art und Weise (Wie? Auf welche Weise?): leider, sehr, ziemlich, ...

1. Lest die folgenden Sätze und die zur Auswahl stehenden Adverbien aufmerksam. Unterstreicht das passende Adverb und schreibt es in die Satzlücke hinein.

1. Das Glasbodenboot fährt **oft** Touristen zum Großen Barriereriff.	nie, oft, neulich	**Adverb der Zeit**
2. Sehen die Menschen durch die Fenster ____________, können sie die wunderbare Unterwasserwelt bestaunen.	hinaus, dahin, hinunter	
3. ____________ sehen sie Schwärme von bunten Fischen in den Korallen.	jetzt, nie, gestern	
4. Wenn sie Glück haben, kommen die Fische ____________ nahe an das Boot heran.	anders, sehr, ebenfalls	
5. ____________ machen viele Touristen fantastische Fotos.	bald, neulich, dann	
6. Die können sie ____________ den Freunden zeigen.	daheim, da, hier	

2. Notiert in der rechten Spalte, um was für ein Adverb es sich jeweils handelt. Hilfen erhaltet ihr in der Lernbox auf dieser Seite.

3. Formuliere selbst Sätze mit den Adverbien, die du nicht in die Lücken eingesetzt hast. Schreibe die Sätze in dein Heft und unterstreiche das Adverb.

Teste dich selbst! – Wortarten kennen

(zu erreichende Punkte / eigene Punkte)

1. Übernimm die Tabelle in dein Heft und ordne die Wörter der Sätze nach ihren Wortarten ein. Die Buchstaben in den Klammern ergeben jeweils einen Begriff, der mit dem Riff zusammenhängt.

a) Ältere (A) Jugendliche (S) besuchen (K) das (S) einzigartige (L) Korallenriff (T).
b) Sie (H) lernen (O) das (E) Tauchen (A).
c) Ihr (W) Hobby (C) ermöglicht (R) die (E) Entdeckung (H) der (K) außergewöhnlichen (G) Unterwasserwelt (E).
d) Ein (U) Buckelwal (L) sucht (A) seine (A) Nahrung (R).
e) Er (A) frisst (L) kleine (E) Krebse (O) (Krill) (C).
f) Die (H) Seeschlangen (H) finden (L) ihre (L) Höhlen (E).
g) Es (I) sind (E) scheue (N) Meeresbewohner (N).

Nomen/Substantive:	
Artikel:	
Verben:	
Adjektive:	
Personalpronomen:	
Possessivpronomen:	

37 / ____

2. Auch Possessivpronomen werden dekliniert (in alle vier Fälle gesetzt). Ergänze die Sätze mit dem Possessivpronomen **mein** und setze es dabei in alle vier Fälle.

a) ____________ Tauchanzug ist zu eng.

b) Ich schäme mich ____________ Tauchanzugs.

c) ____________ Tauchanzug kann man den häufigen Gebrauch ansehen.

4 / ____ d) Ich finde ____________ Tauchanzug nicht.

3. Bestimme die Wortarten, die auf den Würfeln zu sehen sind.

6 / ____

4. Bilde Sätze mit den Wörtern, die auf derselben Würfelseite stehen. Schreibe sie in dein Heft.

3 / ____

Mögliche Punkte: 50 / erreichte Punkte: ____

Süßigkeiten, gestern, heute und morgen? – Bekannte Zeitformen wiederholen

Das musst du wissen

Mit den **Tempusformen des Verbs** macht man deutlich, ob ein Geschehen in der Vergangenheit, Gegenwart oder Zukunft abläuft.

- Mit dem **Präteritum** drückt man aus, dass etwas **vergangen** ist (z. B.: Es geschah gestern Abend).
- Das **Präsens** bezeichnet meistens etwas, das in der **Gegenwart,** in diesem Augenblick geschieht (z. B.: Jetzt geht die Katze über die Straße).
  - Es kann aber auch etwas bezeichnen, das **zu jeder Zeit** gültig ist (z. B.: Fische leben im Wasser).
  - Das Präsens kann **auch etwas** bezeichnen, das **in der Zukunft** liegt (z. B.: Morgen bringe ich unser Meerschweinchen zum Tierarzt).
- Das **Futur** drückt aus, dass ein Geschehen in der **Zukunft** abläuft (z. B.: Ich werde nächste Woche die Großeltern besuchen).

1. Unterstreiche die Verben dieses Textes und bestimme dann die Zeitform, indem du sie in die dafür vorgesehenen Lücken schreibst.

Süßigkeiten, gestern, heute und morgen?

Die meisten Kinder essen gerne süße Sachen. Gummibärchen, Schokolade und Bonbons gehören für sie zum Alltag. **Einige übertreiben das Schlecken allerdings.** Dann leidet ihre Gesundheit unter der viel zu süßen Ernährung. (Zeitform: ______________________)

Im Mittelalter gab es nicht viele süße Lebensmittel. In den Klöstern betrieben die Mönche allerdings Bienenzucht und verwendeten den Honig für süße Kuchen. **Sie schmückten ihre Honigkuchen auf der Oberseite oft mit Bildern.** Fromme Pilger erhielten zum Andenken an ihre Wallfahrt manchmal einen Honigkuchen. Für die meisten Menschen, also auch für die meisten Kinder, gab es diese süßen Köstlichkeiten jedoch selten.

(Zeitform: ______________________)

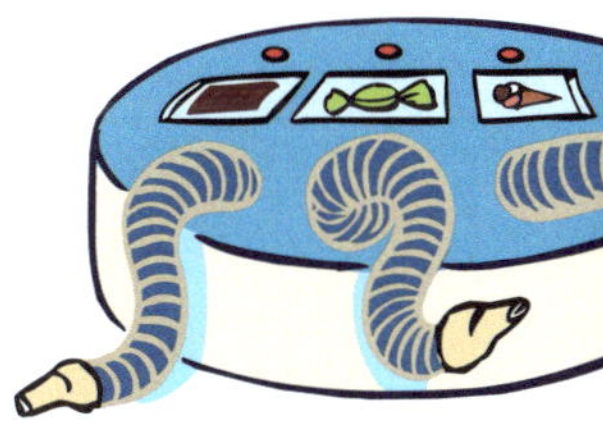

Werden wir auch in der Zukunft noch so viele Süßigkeiten essen? **Wir werden Kaugummi in der Tube kaufen oder Schokolade zum Inhalieren**[1]. Oder werden wir aus Rücksicht auf unsere Gesundheit auf Süßes verzichten? (Zeitform: ______________________)

[1] inhalieren: etwas einatmen

2. Setze die drei fett gedruckten Sätze in deinem Heft jeweils in die zwei anderen Zeitformen.

Klassenfrühstück – das Perfekt üben

Das musst du wissen

- Das **Perfekt** ist auch eine **Zeitform der Vergangenheit.** Es macht deutlich, dass das **vergangene Geschehen noch in die Gegenwart** hineinreicht und auf den Sprecher oder Schreiber wirkt.
- Das Perfekt wird häufig beim **mündlichen Erzählen** verwendet.
- Es wird mit einer **Personalform von *haben* oder *sein* im Präsens** und dem **Partizip II** gebildet.
- Das Partizip II wird oft mit der Vorsilbe **ge-** gebildet (z. B. **ge**kommen, **ge**laufen).
  Beispiele: ich **bin ge**gangen, ich **bin ge**laufen, ich **bin ge**sprungen,
  ich **habe ge**lacht, ich **habe ge**lernt, ich **habe ge**rufen

1. Fülle den Lückentext aus, indem du die Verben aus den Klammern in das Perfekt setzt.

Das Klassenfrühstück

Die 6c veranstaltet ein Klassenfrühstück vor ihrem Ausflug.

„Ich ____________________ mir ein Brötchen mit Leberwurst

____________________ (schmieren) und darauf Gurkenscheiben

____________________ (legen)“, erklärt Luc seinem Freund Burak, „was

____________________ du dir denn ____________________

(nehmen)?“ „Ich ____________________ Butterkäse ____________________

(wählen), den mag ich besonders gern“, antwortet Burak.

„Guck mal, Alina ___ sich einen Quetscher[1] ___ (machen)“, ruft Lisa, „den esse ich auch gern.“ „Typisch Willi, er ___ schon auf das dritte Brötchen Marmelade ___ (streichen), die ___ seine Oma ___ (einkochen). Ihre Kirschmarmelade schmeckt aber auch wirklich lecker“, bemerkt Frieda, „die ___ ich auch schon ___ (essen).“

„Ich ___ heute etwas zu spät ___ (kommen)“, seufzt Carolin, „mein Bus ___ einfach ___ (vorbeifahren). Und jetzt ___ ich nichts mehr von dem Obstteller ___ (abkriegen).“

„Ihr ___ euch alle gut ___ (benehmen)“, lobt die Lehrerin. „Dann ___ die meisten jetzt gut ___ (essen) und wir können losfahren.“

[1] Quetscher: Ein Schokoladenkuss wird zwischen zwei Brötchenhälften gequetscht.

2. Sonja und Lukas haben zum Teil unterschiedliche Frühstücksgewohnheiten. Denke dir aus, was sie gefrühstückt haben. Vervollständige in deinem Heft die folgenden Satzanfänge. Wähle dazu Verben aus dem Wortspeicher aus und benutze das Perfekt.

- Zum Frühstück hat Sonja …
- Lukas …
- Beide zusammen …

essen • trinken • löffeln • wählen • kosten • rühren • nippen • genießen

„Einbruch in Bonbongeschäft“ – das Plusquamperfekt üben

Das musst du wissen

- Das **Plusquamperfekt** ist eine **Zeitform der Vergangenheit**, mit der ausgedrückt wird, dass sich etwas noch vor dem im **Präteritum** erzählten Geschehen ereignet hat.
- Es wird mit einer **Personalform von *haben* und *sein* im Präteritum** und dem **Partizip II** gebildet.

Beispiele: ich **war ge**gangen, ich **war ge**laufen, ich **war ge**sprungen, ich **hatte ge**lacht, ich **hatte ge**lernt, ich **hatte ge**rufen

1. Unterstreiche in den zwei Nachrichtenmeldungen die Verbformen im Präteritum und kreise die Verbformen im Plusquamperfekt ein.

Einbruch in Bonbongeschäft

Münster. Nachdem er eine Seitentür aufgebrochen hatte, stieg ein Einbrecher am Sonntag in ein Bonbongeschäft ein. Weil die Geschäftsführerin die Kasse am Samstag geleert hatte, konnte er keine große Beute machen. Deshalb entwendete er aus dem Lager 5 Kartons mit Bonbons und Lutschern.

Dieb blieb in Kellerfenster stecken

Bielefeld. Seine Beute, Süßwaren im Wert von ca. 1.000 €, hatte er schon zur Seite gestellt, da „fing“ sich der Einbrecher selbst. Er war in einem Kellerfenster stecken geblieben. Nachdem Anwohner seine Hilferufe gehört hatten, befreite ihn die Polizei, um ihn gleich darauf wieder festzusetzen.

2. Füllt den Lückentext aus, indem ihr die Verben aus den Klammern in das Plusquamperfekt setzt.

Schokoladendieb musste ins Krankenhaus

Hamm. Er ______________ dem Kaufhausdetektiv bereits ______________ (auffallen) – der Mann mit den verdächtigen Ausbuchtungen in der Kleidung. Bei einer Durchsuchung stellte sich heraus, dass er 43 Tafeln Schokolade ______________ ______________ (einstecken). Außerdem ______________ er schon im Kaufhaus von seiner Beute ______________ (essen). Und so musste der Mann, der zuckerkrank war, mit erhöhtem Blutzuckerspiegel ins Krankenhaus. Zuvor ______________ er den Detektiv noch ______________________ (bitten), die Anzeige fallen zu lassen, und ihm 50 € ______________________ (anbieten). Nachdem die Polizei ins Krankenhaus ______________________ (fahren), stellte sich heraus, dass es sich um einen gesuchten Ladendieb handelte.

3. Suche die Verben, die das Plusquamperfekt bilden, aus dem Text heraus. Unterstreiche das Partizip Perfekt und kreise die Personalform von *haben* oder *sein* ein.

Nichts für schlechte Zähne

Als Eugenia ihren ersten Liebesapfel gegessen hatte, stand es für sie fest: Diese Köstlichkeit sollte es auf ihrem nächsten Geburtstag geben. Nachdem sie sich das Rezept aus dem Internet ausgedruckt hatte, besorgte sie sich die Zutaten. Sie hatte gelesen, dass sich säuerliche Äpfel am besten eignen, und so war sie extra zum Markt gegangen, um Boskop-Äpfel zu kaufen. Im Supermarkt erwarb sie dann noch Zucker, rote Lebensmittelfarbe und Zitronen. Sobald sie zu Hause angekommen war, machte sie sich ans Werk. Sie schüttete 550 g Zucker, 5 Esslöffel Wasser, 1 Teelöffel Lebensmittelfarbe und 1 Teelöffel Zitronensaft in einen Topf und brachte die Mischung unter Rühren zum Kochen. Als sich der Zucker vollständig aufgelöst hatte und die Zuckerlösung klar geworden war, tauchte sie die Apfel, in die sie zuvor ein stabiles Holzstäbchen gesteckt hatte, hinein. Zum Auskühlen stellte sie die Liebesäpfel auf ein Tablett, auf das sie Zucker gestreut hatte. Als Max, Eugenias kleiner Bruder, die roten Äpfel gesehen hatte, wollte er natürlich auch einen essen. Der Sechsjährige verlor aber einen Schneidezahn, nachdem er kräftig hineingebissen hatte, er war allerdings sowieso gerade im Zahnwechsel.

4. Schreibe selbst einen kurzen Nachrichtentext mit der Überschrift „Dieb ließ sich im Süßwarengeschäft einschließen“ in dein Heft. Benutze dazu die Plusquamperfektformen aus dem Wortspeicher. So kannst du beginnen:

Dieb ließ sich im Süßwarengeschäft einschließen
Köln. *Ein Mann hatte am Abend in einem Süßwarengeschäft …*

hatte gewartet • waren gegangen • hatte gegessen • war eingeschlafen • hatten gefunden • war weggelaufen

Teste dich selbst! – Zeitformen

(zu erreichende Punkte / eigene Punkte)

1. Setze die bereits eingetragenen Sätze in die anderen Zeitformen.

Präsens:	Die 6c sieht sich ein Schokoladenmuseum an.		
Perfekt:			
Präteritum:		Die Klasse fuhr mit einem Bus.	
Plusquamperfekt:			
Futur:			Eine Museumsführerin wird ihnen alles zeigen.

12/ ____

2. Bilde mit den Verben in den Klammern das Perfekt.

Am Abend erzählen die Kinder ihren Eltern von dem Ausflug:

a) „Weil es so regnete, ______________________ wir zum Museum

______________________ (laufen)."

b) „Wir ______________________ einen richtigen Kakaobaum

______________________ (sehen)."

c) „Burak ______________________ eine Kakaobohne

______________________ (finden)."

d) „Ich ______________________ eine Waffel mit Schokolade aus dem

Schokoladenbrunnen ______________________ (essen)."

e) „Ein Papagei ______________________ in einem Bananenbaum ganz nach

oben ______________________ (klettern)." 5 / ____

3. Bilde mit den Verben in den Klammern das Plusquamperfekt.

Aus einem Polizeibericht:

a) Obwohl der Täter schon im Gefängnis ______________________

______________________ (sitzen), wurde er erneut rückfällig.

b) Weil der Dieb ______________________

______________________ (stürzen), holte ihn ein Verfolger ein.

c) Nachdem die Polizei den Mann ______________________

______________________ (festnehmen), kam er ins Gefängnis. 3 / ____

Mögliche Punkte: 20 / erreichte Punkte: ____

Umstell- und Ersatzprobe – Satzglieder ermitteln

Das musst du wissen

Die eigentlichen **Bausteine eines Satzes** sind nicht die einzelnen Wörter, sondern die **Satzglieder**. Ein Satzglied kann aus einem oder mehreren Wörtern bestehen. Mit der Umstell- oder der Ersatzprobe kannst du die Satzglieder erkennen.

- **Umstellprobe:** Die Wörter eines Satzgliedes bleiben zusammen, wenn du den Satz umstellst. Die Wörter, die beim Umstellen eines Satzes zusammenbleiben, bilden ein Satzglied.
  Beispiel: *(Joshua) (hilft) (seiner) (Schwester) (bei den Hausaufgaben).*
  (Bei den Hausaufgaben) (hilft) (Joshua) (seiner Schwester).
- **Ersatzprobe:** Alle Wörter oder Wortgruppen, die als Ganzes durch andere Ausdrücke ersetzt werden können, bilden ein Satzglied.
  Beispiel: *(Herr Kaiser) (überrascht) (seine Frau) (mit einem Geschenk).*
  (Er) (erfreut) (sie) (mit einer Überraschung).

1. Stelle die folgenden Sätze um und schreibe die Umstellungen in dein Heft. Klammere dann die Satzglieder ein. In der Klammer ist angegeben, wie oft du die Sätze umstellen sollst.
Beispiel: (Der Zirkusdirektor) (gibt) (dem Pferd) (ein Stück Zucker). (2x)
(Dem Pferd) (gibt) (der Zirkusdirektor) (ein Stück Zucker).
(Ein Stück Zucker) (gibt) (der Zirkusdirektor) (dem Pferd).

Im Zirkus

- Der Zauberer zeigt den Zuschauern sein großes Können. (2x)
- Tim mag die tolle Clownnummer. (1x)
- Der Akrobat stemmt zwei erwachsene Männer und eine junge Frau. (1x)
- Die Trapezkünstler beherrschen den richtigen Absprung. (1x)
- Das chinesische Mädchen dreht zehn Teller. (1x)
- Dem Zirkusdirektor spielt der Clown viele Streiche. (2x)
- Der Clown schenkt der Seiltänzerin eine Rose. (2x)

2. Bei dieser Aufgabe könnt ihr ein wenig knobeln. Bildet mit den Wörtern im Speicher zwei Sätze und stellt sie so oft wie möglich um. Kreist die Satzglieder der beiden Sätze mit verschiedenen Farben ein.

Kinder • Elefantenbulle • greift • stehen • Elefantengehege • dem • ein • riesiges • Aststück • großen • Rüssel • seinem • die • mit • ein • vor

In vergangenen Jahrhunderten berichteten viele Reisende, dass sie in Indien folgenden Zaubertrick gesehen haben. Zu Anfang des Jahrhunderts haben Fachleute sogar insgesamt 10.000 englische Pfund (damals sehr viel Geld) ausgesetzt für die Vorführung des Tricks im Freien. Allerdings hat sich kein Zauberer gemeldet. Angeblich soll der Zaubertrick folgendermaßen abgelaufen sein:

Der indische Seiltrick

Der Fakir wirft als Erstes ein Seil in die Höhe. Das Seil bleibt stehen. Der Fakir lässt einen kleinen Jungen dann darauf klettern. Der kleine Junge verschwindet oben. Der Fakir wird wütend. Der Fakir steigt auch auf. Der Fakir verschwindet und Körperteile fallen herunter. Der Fakir kommt auf einmal wieder herunter. Der Fakir sammelt die Körperteile ein. Die Körperteile legt der Fakir in einen Korb. Der Fakir schließt den Korb sorgfältig. Der Fakir öffnet den Korb wieder. Der kleine Junge kommt aus dem Korb heraus.

3. Die Beschreibung des Zaubertricks ist sehr eintönig. Verbessere in deinem Heft den Text, indem du Satzglieder umstellst oder durch andere Ausdrücke ersetzt.

Subjekt, Prädikat, Objekte – Satzglieder wiederholen

Das musst du wissen

- Das **Subjekt** antwortet auf die Frage **„Wer oder was …?“**.
  (Wer füttert die Robben? → Der Wärter füttert die Robben.)
- Das **Prädikat** beantwortet die Satzgliedfragen **„Was tut …?“** oder **„Was geschieht …?“**.
  (Was tut der Wärter? → Der Wärter füttert die Robben.)
- Das Prädikat kann aus mehreren Teilen bestehen. Befinden sich zwischen den einzelnen Teilen des Prädikats andere Satzglieder, spricht man von einer **Prädikatsklammer.**
  (Der Wärter hatte die offene Tür vergessen.)
- Nach dem **Dativobjekt** fragt man mit der Frage **„Wem …?“**.
  (Wem stiehlt der Affe eine Banane? → Dem Wärter stiehlt der Affe eine Banane.)
- Das **Akkusativobjekt** antwortet auf die Frage **„Wen oder was …?“**.
  (Wen oder was stiehlt der Affe dem Wärter? → Der Affe stiehlt dem Wärter eine Banane.)

1. Bestimme in den folgenden Sätzen das markierte Satzglied. Schreibe die entsprechende Satzgliedfrage auf und kennzeichne das jeweilige Satzglied. Benutze dabei folgende Abkürzungen: Subjekt = S, Prädikat = P, Dativobjekt = DO, Akkusativobjekt = AO.

- Der Clown beobachtet **den Akrobaten**. ______________________________

  ____
- **Der Zauberer** begeistert die Zuschauer. ______________________________

  ____
- Der Seiltänzer genießt **jede Bewegung**. ______________________________

  ____
- Der Zauberer lässt **seine Assistentin** verschwinden. ______________________________

  ____
- Die Zuschauer **sehen** gespannt dem Messerwerfer zu. ______________________________

  ____

- Besonders die Kinder **bewundern** den Dompteuer in dem Löwenkäfig.

  ____
- Der Dompteuer gibt **den Tigern** mit der Peitsche seine Anweisungen.

  ____

- Dem Zirkusdirektor gelingt eine schöne Abschiedsrede. ______________________

____

2. Bestimme auch bei den Sätzen auf S. 62 die Satzglieder. Benutze dazu wieder die Abkürzungen aus Aufgabe 1.

3. Unterstreiche im folgenden Text alle Subjekte und Prädikate mit zwei verschiedenen Farben und schreibe die entsprechenden Abkürzungen darunter. Achte dabei auf die Prädikatsklammern und denke daran, dass ein Subjekt aus mehreren Wörtern bestehen kann.

4. Kreise anschließend alle Dativ- und Akkusativobjekte ein und schreibe die entsprechende Abkürzung darunter.

Wie verwandelt man eine Orange in einen Apfel?
P S AO

Für diesen Trick brauchst du eine Orange, einen Apfel, ein Messer und ein Tuch.
P S AO

Der schwierige Teil kommt gleich zu Beginn. Schneide die Orangenschale in vier Viertel, die oben zusammenhängen. Blättere die Schalenviertel auf und entferne das Fruchtfleisch. Wenn du das geschickt und geduldig machst, bleibt die Schale dabei heil. Nun legst du einen Apfel mit dem Stängel nach unten in die hohle Orange und schließt die vier Viertel. Jetzt kommt der große Moment. Du nimmst die Orange in die Hand und zeigst sie deinen Zuschauern. Rieche daran, verzieh dein Gesicht und erkläre ihnen, dass du eigentlich lieber einen Apfel hättest. Nimm mit der anderen Hand das Tuch, schwenke es vor dem Publikum und breite es über die „Orange“. In diesem Moment kannst du von unten den Apfelstängel fassen. Ergreife das Tuch von oben und ziehe es gemeinsam mit der Orange ab. Mit der Linken führst du den Apfel zum Mund und beißt kraftvoll hinein. Das lenkt die Zuschauer ab. Das Tuch zerknüllst du und wirfst es in den Zylinder oder in deinen Zauberkoffer oder in irgendeinen anderen Behälter.

Wann? Wo? Wie? ... – Adverbiale Bestimmungen kennen

Das musst du wissen

- Die deutsche Bezeichnung für das Satzglied **adverbiale Bestimmung** lautet **Umstandsbestimmung**. Mit adverbialen Bestimmungen kannst du die Umstände eines Geschehens, z. B. beim Berichten, genauer und näher kennzeichnen.
- Wie alle anderen Satzglieder kannst du die adverbialen Bestimmungen mit **Fragen** ermitteln. Entsprechend diesen Fragen unterscheidet man folgende adverbiale Bestimmungen:

Adverbiale Bestimmung	Frage	Beispiel
der Zeit	Wann? Wie lange? Wie oft?	Gestern ging ich zum Training.
des Ortes	Wo? Wohin? Woher?	In der Schule war es heute lustig.
der Art und Weise	Wie? Auf welche Art und Weise?	Sie lächelte mich freundlich an.
des Grundes	Warum? Weshalb?	Wegen des Regens fiel das Training aus.
des Mittels	Womit? Mit welchem Mittel?	Wir fuhren mit dem Auto in den Urlaub.

1. Schreibt die unterstrichenen adverbialen Bestimmungen aus den folgenden Sätzen heraus und kennzeichnet sie mit der richtigen Bezeichnung. Stellt dazu immer die passende Frage. Der Kasten in der Lernbox oben hilft euch dabei.

- Vorgestern beobachtete Judith in der Liboriusgasse etwas Merkwürdiges.

  vorgestern: adverbiale Bestimmung der ______

  in der Liboriusgasse: adverbiale Bestimmung des ______

- Ein junger Mann verfolgte mit seinem Fahrrad ein Lama, das eilig vor ihm zu fliehen schien.

  ______

  ______

  ______

- In Höhe der Eisdiele holte der Mann das Tier ein.

  ______

  ______

- Als eine ältere Frau das Lama sah, ließ sie vor Schreck ihr Eis fallen.

- Für einen Moment blieb sie wie erstarrt auf dem Bürgersteig stehen.

- Sofort schleckte das Lama das Eis genüsslich von der Straße.

- Wegen eines Defekts am Schloss war das Tier zuvor aus einem Zirkuswagen entwichen.

- Höflich entschuldigte sich der Mann bei der Dame und kaufte ihr sofort ein neues Eis.

2. Du weißt bereits, dass du mit der Umstellprobe herausfinden kannst, welche Wörter eines Satzes jeweils ein Satzglied bilden.

- Stelle die folgenden Sätze jeweils zweimal um und klammere alle Satzglieder ein.
- Schreibe dann wie zuvor die adverbialen Bestimmungen heraus und kennzeichne sie.

- Heute Nachmittag spielt Aysuns Mannschaft in der Turnhalle.

1. Umstellung: ______________________________

____

2. Umstellung: ______________________________

____

Adverbiale Bestimmungen: ______________________________

____

____

- Die Spielerinnen warten in der Kabine gespannt auf die Auslosung der Paarungen.

1. Umstellung: ______________________________

____

2. Umstellung: ______________________________

____

Adverbiale Bestimmungen: ______________________________

____

- Wegen eines Lichtausfalls beginnt das Turnier schließlich mit einer Stunde Verzögerung.

1. Umstellung: ______________________________

____

2. Umstellung: ______________________________

____

Adverbiale Bestimmungen: ______________________________

____

____

Teste dich selbst! – Satzglieder kennen

(zu erreichende Punkte / eigene Punkte)

1. Ergänze in der folgenden Tabelle die fehlenden Satzgliedfragen.

Satzglied	Satzgliedfrage
Subjekt	
Dativobjekt	
Akkusativobjekt	
adverbiale Bestimmung der Zeit	
adverbiale Bestimmung der Art und Weise	

8 / ____

2. Unterstreiche in dem folgenden Text alle Subjekte und Prädikate. Schreibe die Abkürzungen S (= Subjekt) und P (= Prädikat) darüber. Achte dabei auf die Prädikatsklammern. 9 / ____

Die Neue

Heute kommt die neue Schülerin Laura zum ersten Mal in die Klasse. Ihre Familie ist vor Kurzem nach Frankfurt umgezogen. Der Lehrer stellt sie der Klasse vor. Alle schauen Laura neugierig an. Sie bekommt den freien Platz neben Tim. Tim schaut die Neue erwartungsvoll an. Die Neue lächelt ihm freundlich zu. Wegen ihres Lächelns errötet Tim. Dann verfolgen Laura und Tim den Unterricht.

3. Kreise nun alle Objekte in dem Text „Die Neue“ ein und bestimme sie. Schreibe dazu folgende Abkürzungen über die jeweiligen Objekte: DO (= Dativobjekt) und AO (= Akkusativobjekt). 7 / ____

4. Suche die adverbialen Bestimmungen aus dem Text „Die Neue“ heraus. Übernimm die folgende Tabelle in dein Heft und sortiere die adverbialen Bestimmungen ein.

adverbiale Bestimmung	
der Zeit	
des Ortes	
der Art und Weise	
des Grundes	

11 / ____

Mögliche Punkte: 35 / erreichte Punkte: ____

Hemd/Hemden, Bäcker/backen – die Schreibweise ableiten

Das musst du wissen

- Oft werden **verschiedene Buchstaben gleich ausgesprochen**. In diesen Fällen kannst du die richtige Schreibweise nicht heraushören (z. B. *Hund – bunt, er lobt – er hupt, retten – rächen* oder *Säure – Freude*).
- Die richtige Schreibweise am **Wortende** kannst du heraushören, wenn du das Wort verlängerst (z. B. *Hund – Hunde, bunt – bunter, er lobt – loben*). Merke dir dazu die Regel: „Verlängere das Wort und du weißt es sofort."
- Bei **Lauten**, die **gleich** oder sehr ähnlich klingen, kannst du ihre Schreibweise ableiten, indem du **verwandte Wörter** suchst (z. B. *er rächte – Rache; Säure – sauer; träumen – Traum*).

1. Bildet aus den Wörtern Adjektive. Fügt dazu die Endungen -lich, -ig oder -isch an und verlängert das neu gebildete Adjektiv.

Nomen/Substantive, Verben	neues Adjektiv mit -lich, -ig oder -isch	Verlängerung des neuen Adjektivs
Natur	natürlich	natürliche
Schrift		
Schwede		
Hunger		
eilen		
kaufen		
bedrohen		
Dreck		
Gefahr		
Neugier		

2. Fülle die Lücken in den Sätzen mithilfe von Ableitungen der Wörter aus dem Speicher.

Musi? • Saf? • gesun? • Die? • Zu? • Ta? • interessan? • er hu?t • Wan?

a) Wenn man als ______________ im Orchester erfolgreich sein möchte, muss man viel üben.

b) Auf einer Reise kann man viele ______________ Menschen kennenlernen.

c) Der Elster wird nachgesagt, sie sei ein ______________ Vogel.

d) Das Jahr hat 365 ______________.

e) Eine ________________ Ernährung verlängert das Leben.

f) LKW-Fahrer begrüßen einander oft mit lautem ________________.

g) Aus vielen Obstsorten kann man viele leckere ________________ herstellen.

h) Jeden Tag erreichen mehrere Hundert ________________ den Hauptbahnhof in Berlin.

i) Von unserem Haus stehen schon die vier Außen ________________.

3. Suche Wortverwandte mit **au** oder **a**, die zeigen, dass die folgenden Wörter mit **äu** oder **ä** geschrieben werden.

Bäume – Baum	stärken – ____________	schäumen – ____________
härten – ____________	erkälten – ____________	Sträucher – ____________

4. Füllt die Lücken in dem Text. Sucht jeweils verwandte Wörter, um die richtige Schreibweise abzuleiten. Nehmt eventuell ein Rechtschreibwörterbuch zu Hilfe.

Tr___me sind Sch___me

N___lich wurde ich nachts wach, weil mich jemand am ___rmel zupfte. Eisige K___lte umklammerte mein H___rz. Ein r___tselhafter und kl___glicher Jammerlaut war zu hören. Ich stieg aus dem Bett und folgte den gef___hrlich klingenden Lauten. Ich ging durch das Geb___de hinaus in den Garten. Ein Geruch von F___lnis lag in der Luft, im Gestr___ch vor mir hörte ich ein Rascheln. Als plötzlich eine Gestalt mit einer h___sslichen Fratze auf mich zusprang, erstarrte ich. Ich wollte wegr___nnen, doch etwas hielt mich am ___rmel fest. Auf einmal kam ich frei und lief zum r___ttenden Haus. Doch die Tür war ins Schloss gefallen. Ich trommelte mit den F___sten gegen die Tür. Jetzt bist du f___llig, war mein l___tzter Gedanke, als das unheimliche Wesen auf mich zukam. Ich schrie – und wachte schweißgebadet auf. Alles war nur ein gr___licher Traum.

5. Schreibe die vervollständigten Wörter aus dem Text oben mit einem oder zwei verwandten Wörtern, die ihre Schreibweise erklären, in dein Heft (z. B. Träume – Traum, traumhaft).

Schlag nach! – Mit dem Wörterbuch arbeiten

Das musst du wissen

- In einem **Rechtschreibwörterbuch** kannst du nachschlagen, wenn du dir bei der **Schreibweise eines Wortes** unsicher bist.
- Neben der richtigen Schreibweise erfährst du bei Nomen/Substantiven auch das **grammatische Geschlecht,** den **Plural** und den **Genitiv.** Weiter gibt ein Wörterbuch Auskunft darüber, wie man ein Wort **trennt** und welche **Bedeutung Fremdwörter** haben.
- In einem Wörterbuch sind die Wörter in ihrer **alphabetischen Reihenfolge** angeordnet. Wenn Wörter den gleichen Anfangsbuchstaben haben, entscheidet der zweite Buchstabe über die Reihenfolge *(Taxi, Tier, Tor)*. Wenn Wörter zwei gleiche Buchstaben haben, entscheidet der dritte Buchstabe usw. *(Tier, Tiger, Tinte)*.
- Die **Umlaute ä, ö, ü** werden bei der Reihenfolge genauso behandelt wie die anderen Vokale **(a, o, u)**.

1. Ordne die folgenden Wörterreihen jeweils alphabetisch. Nummeriere sie in der richtigen Reihenfolge.

a) (1) Anfang ( ) Hund ( ) Spaziergang
( ) Ente ( ) kommen ( ) vielleicht

b) ( ) Ferien ( ) laufen ( ) bellen
( ) Sonne ( ) alles ( ) rufen

c) ( ) Pause ( ) Nachmittag ( ) groß
( ) meistens ( ) viel ( ) Schule

2. Schreibe alle Wörter der drei Wortreihen aus Aufgabe 1 in ihrer alphabetischen Reihenfolge auf.

alles, Anfang, ______________________________

____

____

____

____

3. Bringe die folgenden Wörter in ihre alphabetische Reihenfolge. Nummeriere dazu die Wörter. Achte besonders auf den dritten und vierten Buchstaben.

( ) führen ( ) Fuchs ( ) füttern ( ) Führerschein ( ) fürchten

Ka|the|der, das *od.* der *(österr. nur so);* -s, - ‹griech.› ([Lehrer]pult, Podium); *vgl. aber* Katheter; **Ka|the|der|blü|te** (ungewollt komischer Ausdruck eines Lehrers)

Ka|the|der|so|zi|a|lis|mus (Volkswirtschaftslehre, die staatl. Eingreifen zum Abbau von Klassengegensätzen forderte)

Ka|the|d|ra|le, die; -, -n (bischöfl. Hauptkirche)

Ka|the|d|ra|l|ent|schei|dung (unfehlbare päpstl. Entscheidung)

Ka|the|d|ra|l|glas

Ka|the|te, die; -, -n ‹griech.› (*Math.* eine der beiden Seiten im rechtwinkligen Dreieck, die den rechten Winkel bilden)

Ka|the|ter, der; -s, - ‹griech.› (*Med.* röhrenförmiges Instrument zur Entleerung od. Spülung von Körperhohlorganen); *vgl. aber* Katheder

ka|the|te|ri|sie|ren *u.* **ka|the|tern** (den Katheter einführen); ich katheterisiere *u.* kathetere

Ka|thin|ka, Ka|tin|ka (w. Vorn.)

Kath|man|du [*auch* ...'du:] (Hauptstadt Nepals)

Ka|tho|de, *fachspr. auch* Ka|to|de, die; -, -n ‹griech.› (*Physik* negative Elektrode, Minuspol); **Ka|tho|den|strahl,** *fachspr. auch* Ka|to|den|strahl *(Physik)*

Ka|tho|lik, der; -en, -en ‹griech.› (Anhänger der kath. Kirche u. Glaubenslehre)

Ka|tho|li|ken|tag (Generalversammlung der Katholiken eines Landes); **Ka|tho|li|kin**

ka|tho|lisch (die kath. Kirche betreffend od. ihr angehörend; *Abk.* kath.); die katholische Kirche ↑K 89, *aber* ↑K 150: Katholisches Bibelwerk (ein Verlag)

ka|tho|li|sie|ren (für die kath. Kirche gewinnen)

Ka|tho|li|zis|mus, der; - (Geist u. Lehre des kath. Glaubens)

Ka|tho|li|zi|tät, die; - (Rechtgläubigkeit im Sinne der kath. Kirche)

Ka|th|rin, *auch* Ka|t|rin [*auch* ...'ri:n] (w. Vorn.)

ka|ti|li|na|risch ‹nach dem röm. Verschwörer Catilina›; eine katilinarische (zu verzweifelten Schritten neigende) Existenz; ↑K 89: die Erste Katilinarische Verschwörung (66 v. Chr.)

Ka|tin|ka, Ka|thin|ka (w. Vorn.)

Kat|ion ‹griech.› (*Physik* positiv geladenes Ion)

Kat|ja (w. Vorn.)

Kät|ner (*nordd. für* Häusler, Besitzer einer [2]Kate)

Ka|to|de usw. *vgl.* Kathode usw.

ka|to|nisch ‹nach dem röm. Zensor Cato›; katonische Reden; katonische Strenge

Ka|t|rin *vgl.* Kathrin

kat|schen, du katschst *od.* **kät|schen,** du kätschst (*landsch. für* schmatzend kauen)

Katt|an|ker (*Seemannsspr.* zweiter Anker)

Kat|te|gat, das; -s ‹*dän.*, »Katzenloch«› (Meerenge zwischen Schweden u. Jütland)

kat|ten (*Seemannsspr.* [Anker] hochziehen)

Kat|tun, der; -s, -e ‹arab.-niederl.› (feinfädiges Gewebe aus Baumwolle od. Chemiefasern)

kat|tu|nen; kattunener Stoff

Ka|tyn (Ort bei Smolensk)

katz|bal|gen, sich *(ugs.);* ich katzbalge mich; gekatzbalgt; zu katzbalgen; **Katz|bal|ge|rei**

katz|bu|ckeln (*ugs. für* sich unterwürfig zeigen); er hat gekatzbuckelt

Kätz|chen; Kat|ze, die; -, -n; ↑K 13: für die Katz (*ugs. für* umsonst); Katz und Maus mit jmdm. spielen *(ugs.)*

Kat|zel|ma|cher ‹ital.› (*bes. bayr., österr. diskriminierend für* Italiener)

Kat|zen|au|ge (*auch* ein Mineral; *ugs.* Rückstrahler am Fahrrad)

Kat|zen|bu|ckel (höchster Berg des Odenwaldes)

Kat|zen|dreck; Kat|zen|fell

kat|zen|freund|lich (*ugs. für* heuchlerisch freundlich)

Kat|zen|fut|ter

kat|zen|gleich

Kat|zen|gold (Pyrit)

kat|zen|haft; Kat|zen|jam|mer *(ugs.);* **Kat|zen|klo** *(ugs.);* **Kat|zen|kopf; Kat|zen|kopf|pflas|ter**

Kat|zen|mu|sik *(ugs.);* **Kat|zen|sprung** *(ugs.);* **Kat|zen|tisch** *(ugs.);* **Kat|zen|wä|sche** *(ugs.)*

Kat|zen|zun|gen *Plur.* (Schokoladetäfelchen)

Kät|zin

Katz-und-Maus-Spiel ↑K 26

Kaub (Stadt am Mittelrhein)

Kau|be|we|gung

kau|dal ‹lat.› (*Zool.* den Schwanz betreffend; *Med.* fußwärts liegend)

kau|dern (*landsch., sonst veraltet für* unverständlich sprechen); ich kaudere

Kau|der|welsch, das; -[s]; ein Kauderwelsch sprechen; **kau|der|wel|schen** (*svw.* kaudern); du kauderwelschst; gekauderwelscht

kau|di|nisch; ein kaudinisches Joch (*übertr. für* schimpfliche Demütigung), *aber* ↑K 150: das Kaudinische Joch (Joch, durch das die bei Caudium geschlagenen Römer schreiten mussten); ↑K 140: die Kaudinischen Pässe

Kaue, die; -, -n (*Bergmannsspr.* Gebäude über dem Schacht; Wasch- u. Umkleideraum)

kau|en

kau|ern (hocken); ich kau[e]re

Kau|er|start *(Leichtathletik)*

Kauf, der; -[e]s, Käufe; in Kauf nehmen

kau|fen; du kaufst usw., *landsch.* käufst usw.; **kau|fens|wert**

Käu|fer; Käu|fe|rin; Käu|fer|ver|hal|ten

Kauf|fah|rer (*veraltet für* Handelsschiff)

Kauf|fahr|tei|schiff (*veraltet für* Handelsschiff)

Kauf|frau (*Abk.* Kffr.)

kauf|freu|dig

Kauf|haus; Kauf|haus|de|tek|tiv

Kauf|in|te|r|es|sent

Kauf|kraft; kauf|kräf|tig

Kauf|la|den

käuf|lich; Käuf|lich|keit, die; -

kauf|lus|tig

Kauf|mann *Plur.* ...leute; *Abk.* Kfm.; **kauf|män|nisch;** kaufmännischer Angestellter; kaufmännisches Rechnen; *Abk.* kfm.

Kauf|mann|schaft, die; - *(veraltend)*

Kauf|manns|ge|hil|fe (*älter für* Handlungsgehilfe); **Kauf|manns|gil|de** *(früher);* **Kauf|manns|la|den; Kauf|manns|spra|che**

Kauf|manns|stand *(veraltend)*

Kauf|preis; Kauf|rausch

Kauf|sum|me

Kau|fun|ger Wald, der; - -[e]s (Teil des Hessischen Berglandes)

Kauf|ver|trag; Kauf|wert

kauf|wil|lig

Kauf|zu|rück|hal|tung; Kauf|zwang

Kau|gum|mi, der, *auch* das; -s, -[s]

Kau|kamm (*Bergmannsspr.* Grubenbeil)

Kau|ka|si|en (Gebiet zwischen Schwarzem Meer u. Kaspischem Meer)

Kau|ka|si|er; Kau|ka|si|e|rin

kau|ka|sisch; Kau|ka|sus, der; - (Hochgebirge in Kaukasien)

Kaul|barsch (ein Fisch)

Käul|chen *vgl.* Quarkkaulchen

Kau|le, die; -, -n (*mitteld. für* Grube, Loch; Kugel)

kau|li|flor ‹lat.› (*Bot.* am Stamm ansetzend [von Blüten])

Kaul|quap|pe (Froschlarve)

kaum; das ist kaum glaublich; er war kaum hinausgegangen, da kam ...; kaum[,] dass ↑K 127

Kau|ma|zit, der; -s, *Plur. (Sorten:)* -e ‹griech.› (Braunkohlenkoks)

Kau|mus|kel

Kau|pe|lei (*ostmitteld. für* heimlicher Handel); **kau|peln;** ich kaup[e]le

Kau|ri, der; -s, -s *od.* die; -, -s ‹Hindi› (Porzellanschnecke; so genanntes Muschelgeld)

Kau|ri|fich|te ‹maorisch; dt.› (*svw.* Kopalfichte)

Kau|ri|mu|schel; Kau|ri|schne|cke

kau|sal ‹lat.› (ursächlich zusammenhängend; begründend); kausale Konjunktion (*Sprachw.;* z. B. »denn«)

Kau|sal|be|zie|hung

Kau|sal|ge|setz *(bes. Philos.)*

Kau|sa|li|tät, die; -, -en (Ursächlichkeit)

Kau|sal|ket|te

Kau|sal|kon|junk|ti|on *(Sprachw.)*

Kau|sal|ne|xus (*fachspr.* ursächl. Zusammenhang)

Kau|sal|satz (*Sprachw. für* Umstandssatz des Grundes)

Kau|sal|zu|sam|men|hang

kau|sa|tiv [*auch* ...'ti:f] (*Sprachw.* bewirkend; als Kausativ gebraucht); **Kau|sa|tiv,** das; -s, -e (veranlassendes Verb, z. B. »tränken« = »trinken machen«); **Kau|sa|ti|vum,** das; -s, ...va (*älter für* Kausativ)

Kausch, Kau|sche, die; -, ...schen (*Seemannsspr.* Ring mit Hohlrand, zur Verstärkung von Tau- u. Seilschlingen)

4. Kläre mithilfe des Ausschnittes aus dem Wörterbuch die richtige Schreibung der folgenden Wörter. Streiche das falsch geschriebene Wort durch.

Kauderwelsch/Kauderwellsch   kauffen/kaufen   Kätzin/Käzin

kaussal/kausal   Kaulquappe/Kaulquape   käuflich/käufig

kauen/kauhen   Kaugumi/Kaugummi

5. Welches grammatische Geschlecht haben folgende Wörter? Setzt den passenden Artikel ein.

__________ Kaue   __________ Kaule   __________ Katholik   __________ Kausalität

__________ Kauri   __________ Kausch   __________ Kattegat   __________ Kattun

6. Schreibt den Plural zu folgenden Wörtern dazu.

die Kathedrale – ____________________   der Kattun – ____________________

der Kauri – ____________________   der Katheder – ____________________

7. Suche die deutsche Bedeutung der Wörter aus Aufgabe 5 und 6 heraus. Schreibe sie zusammen mit dem jeweiligen Wort auf.

„Dass“ oder „das“? – Die Ersatzprobe anwenden

Das musst du wissen

- Mit folgender **Ersatzprobe** kannst du die Wörter **dass** oder **das** unterscheiden:
  Wenn du **dieses, jenes** oder **welches** einsetzen kannst, wird **das** mit einfachem **s** geschrieben.
  Kann man die **Ersatzwörter nicht einsetzen**, schreibt man **dass** mit **ss**.

1. Wende die Ersatzprobe an und schreibe sie neben die folgenden Sätze (z. B.: **Das** gibt es doch nicht! → **Dies** gibt es doch nicht!).

a) „Das könnte dir so passen!“, rief Paul. → ____________________

____

b) Das Buch, das Paul verliehen hat, ist verschwunden. → ____________________

____

c) Das war das Jahr, das dem Club viele Siege brachte. → ____________________

____

2. Das Wort **dass** leitet immer einen Nebensatz ein. Vervollständige die folgenden Sätze.

a) (nicht das richtige Geschenk bekommen)

Rigobert nahm an, dass er nicht ____________________

____

b) (so gut benommen)

Er ärgerte sich schon, ____________________

c) (enttäuscht sein)

Nun versuchte er zu verbergen, ____________________

d) (das eigentliche Geschenk nicht gefunden haben)

Rigobert merkte nicht, ____________________

____

3. Setzt in die folgenden Sätze die Wörter „das“ oder „dass“ ein.

______ Kinoereignis, über ______ alle Welt spricht

a) Alle Welt geht ins Kino, um ______ Kinoereignis des Jahres zu sehen.

b) Kein Mensch hatte vorher geahnt, ______ der Film so erfolgreich sein würde.

c) ______ Kino, ______ über die neueste Technik verfügte, war besonders gefragt.

d) ______ Bemerkenswerteste an dem Film war, ______ die Produktionskosten gering waren.

e) Aber ______ interessierte ______ Publikum überhaupt nicht.

4. Setze auch in den folgenden Text in die Lücken „das“ oder „dass“ ein. Entscheide dich mithilfe der Ersatzprobe.

______ Geschenk

„______ ist doch die Höhe!“, dachte Rigobert. „Jedes Jahr ______ gleiche Spiel. Da bin ich wochenlang ______ bravste Kind der Welt und dann ______.“ Enttäuscht und wütend schaute er auf ______ Geschenk, ______ ihm seine Eltern überreicht hatten. „Was ist denn, Rigobert?“, fragte die Mutter, der ______ enttäuschte Gesicht ihres Sohnes nicht entgangen war. „Ach nichts“, murmelte Rigobert. „Was ist? Gefällt dir ______ nicht?“, bohrte die Mutter nach und zeigte auf ______ Geschenk. Wie sollte er seiner Mutter nur sagen, ______ er ______ Geschenk eigentlich ganz toll fand, aber doch etwas anderes erwartet hatte? „Vielleicht hast du dir ______ Paket nur noch nicht genau genug angeschaut?“, hakte die Mutter nach. Rigobert stutzte, öffnete ______ Paket, wühlte ein wenig und strahlte über ______ ganze Gesicht. In den Händen hielt er ______, was er sich so sehr gewünscht hatte. „______ ist ja riesig!“, rief er. Erst jetzt hatte er begriffen, ______ er nicht mehr enttäuscht sein musste.

Schwierige Wörter – Merkwörter mithilfe einer Wörterliste üben

Das musst du wissen

So kannst du dir die Schreibweise der Wörter aus der Wörterliste einprägen:

- Merke dir **mehrere Wörter.** Schreibe sie mehrfach auf und kontrolliere, ob du sie richtig geschrieben hast. Beginne am Anfang mit drei Wörtern und versuche dann, die Anzahl zu steigern.
- Zeichne in deinem Heft ihre **Umrisse** und schreibe die jeweiligen Wörter in ihre Umrisse (z. B. Aal).
- Suche **Ableitungen** (*kaputt – kaputte*) **und verwandte Wörter** (*Herbst – herbstlich*) zu den Lernwörtern und schreibe sie auf.
- Schreibe die **Wörter in anderen Formen** auf. Bilde z. B. den Plural von Nomen (*Aal – Aale*), Personalformen zu Verben (*ändern – ich ändere*) oder Steigerungsformen zu Adjektiven (*alt – älter – am ältesten*). Zerlege das Wort in Silben (*Al-bum*).
- Diktiere dir mit einem Partner gegenseitig die Wörter. Korrigiere zusammen mit deinem Partner die **Wortdiktate**.
- Wähle **fünf Lernwörter** aus und präge sie dir ein. Schreibe dann **fünf Sätze**, in denen die Wörter vorkommen, in dein Heft. Unterstreiche das Lernwort und kontrolliere deine Rechtschreibung.

Aal
abends (der Abend, am Abend)
abseits
abwärtsgehen
in Acht nehmen
Ähnliches
Akkordeon
Allee
(im) Allgemeinen
(für) Alt und Jung
(alles beim) Alten lassen
Amboss
Ameise
(der) andere
angestrengt
Angst
Apfelsine
Attacke
aufnehmen
äußerst

bald
Balkon
Bär
Barkasse
beabsichtigen
Behauptung
(jeder) Beliebige
Benzin
(im) Besonderen
bestehen bleiben

(zum) Besten geben
Bibel
bis (gestern)
(er) biss (beißen)
Biss
(ein) bisschen
braun gebrannt, braungebrannt

Chaussee
Computer

da sein
dabei sein
daraufhin
Deponie
Detektiv
(auf) Deutsch
dicht gedrängt, dichtgedrängt
Diktat
diktieren
Direktor
Diskussion
diskutieren
Dompteur
dortbleiben
(jeder) Dritte
Düsenjet
dutzendweise
duzen

Efeu
egal
einigermaßen
(jeder) Einzelne
(kein) Einziger
eislaufen
Elefant
endlich
entlarven
entsetzt
erholsam
ernst gemeint, ernstgemeint
(der) Erste
(das) erste Mal
(zum) ersten Mal
erwidern
Essbesteck
etliche
etwas

Fabrik
(sie) fährt
Familie
(er) fasst (an)
fast (beinahe)
fertigbringen
fertig stellen, fertigstellen
fett gedruckt, fettgedruckt
(er) fiel (fallen)
fliehen
Flugzeug

Folgendes
Fuchs
fünftausend
funktionieren

Gans (Gänse)
ganz
ganzjährig
gar nicht
geheim halten
Geheimnis
genauso wenig
Geografie
gesamt
Gesandte
gestern Abend
gewandt
Giraffe
das Gleiche tun
Gräuel
gräulich
Grieß
Grimasse
im Großen und Ganzen
großschreiben (den Anfangsbuchstaben)
(er) guckte
gut gemeint, gutgemeint

Halt machen, haltmachen
heizen
herab
heran
herum
heute
heute Abend
Hexe
hierbleiben
hier sein
hinab
hundertprozentig

im Allgemeinen
im Einzelnen
im Voraus
intensiv
Interesse
interessieren
irgendetwas
irgendwie

Jagd
jahrelang
jahrhundertelang
(ein) jedes Mal
jetzt
(für) Jung und Alt

Kaffee
Kakao
Kalb
Kaninchen
kaputt
Kilometer
kleinschreiben (den Anfangsbuchstaben)
(bis ins) Kleinste
Klima
Knäuel
Koloss
kolossal
Kommissar
Kompass
Kompromiss
konjugieren
konstruieren
Konstruktion
kontrollieren
(er) kratzt
Kreuz
Kritik
(vor) Kurzem, vor kurzem

langsam
Lärche (Baum)
leichtfallen
leidtun
Lerche (Vogel)
(der) Letzte (Reihenfolge)
(zum) letzten Mal
liegen lassen

Mädchen
Makkaroni
Manege
Margarine
Maschine
Mathematik
Medizin

Metall
Metzger
Minister
Minute
(gestern) Morgen
morgen Mittag
morgens (der Morgen, am Morgen)
Museum

nachts
(des) Nachts
nämlich
(aufs) Neue
nichts sagend, nichtssagend
niesen
nirgends
Niveau
November
nummerieren

offen lassen (Tür)
ordnen
Orientierung
oval
(ein) Paar
(ein) paar (Stunden)
ein paar Mal/ ein paarmal
Passagier
Pferd
Pilot
Plantage
Plastik
Polizei
Polizist
prima
Proviant
Pudel
Pulver
Pusteblume
Qual
Quark

Rad fahren
raffiniert
rau
räuspern
Redaktion
reizend
Republik
Revolution
Rezept

(sie) sandten
sauber halten
Säule
Schmerz
Schublade
Schuld haben
sechs
seitdem
seltsam
(er) sieht
sodass/so dass
sogar
sonntags (der Sonntag, am Sonntag)
spazieren gehen
Spülmaschine
(er) sträubt (sich)
Sturz
(sie) stürzt
Szene

tagaus
tagein
(eines) Tages
Technik
Teelöffel
Telefon

telefonieren
Temperatur
Terrasse
Tiger
Tourist
trainieren
Transport
transportieren
unbedingt
ungefähr
uralt
ursprünglich

Veilchen
verloren gehen, verlorengehen
verstaucht
Verwandte
Vieh
viel (Geld)
vielleicht
(ein) Viertel

(ein) vierzehnjähriger (Junge)

(von) vornherein
Vorort
vorwärtsgehen

wahrscheinlich
Wal (Säugetier)
Widerruf
widersprechen
wiederkommen
Wurzel
Wut

zehn
(eine) Zeit lang
Zentimeter
Zeuge
Zeugnis
ziemlich
Zins
Zirkus
zuletzt
zu Hause
zusammen sein
zuwiderhandeln

Diktate für alle Gelegenheiten – mit Diktattexten üben

Das musst du wissen

So könnt ihr mit den folgenden Kurzdiktaten üben:

- Führt mithilfe der kurzen Diktattexte **Partnerdiktate** durch. Diktiert euch z. B. am Anfang der Stunde eines der „Fünf-Minuten-Diktate".
- **Wörter, die ihr falsch geschrieben habt**, solltet ihr besonders üben, indem ihr sie z. B. wiederholt aufschreibt, sie euch gegenseitig diktiert oder ihre Wortumrisse zeichnet.
- Erstellt aus den Wörtern, die in den Textdiktaten (S. 80 f.) markiert sind, **zunächst Wortdiktate**, die ihr euch diktiert. Diktiert euch anschließend den gesamten Text. Wechselt dabei nach jedem Satz die Rolle des Schreibenden und des Diktierenden.
- Ihr könnt die Texte auch **sorgfältig abschreiben**, um eure Rechtschreibung zu trainieren. Lest dazu den Text zunächst genau durch. Prägt euch jeweils einen der durch Querstriche gekennzeichneten Sinnabschnitte ein und schreibt ihn auf. Kontrolliert eure Texte, wenn ihr alles abgeschrieben habt, und korrigiert die Fehler sofort.

Fünf-Minuten-Diktate

Lange Vokale

- Fast die ganze Oberfläche des Körpers/ist mit Haaren/oder winzigen, fast unsichtbaren Härchen bedeckt./Es gibt nur ganz wenige/vollkommen kahle Stellen:/die Handflächen,/die Fußsohlen und die Lippen.
- Babys werden ohne Zähne geboren./Wenn später die kleinen Milchzähne durchstoßen,/hat das Baby Schmerzen./Es ist unruhig und weint viel./Man sagt,/„es zahnt".
- Wenn Jungen im Alter/von etwa dreizehn bis fünfzehn Jahren/in die Pubertät kommen,/wird auch der Kehlkopf/rasch sehr viel größer./Er tritt ein Stück weiter hervor/und ist nun von außen als kleiner Höcker/unter dem Kinn sichtbar./Man nennt ihn „Adamsapfel".
- Die mächtigen Geweihe der Hirsche/dienen nicht als Waffen gegen Raubtiere,/sondern spielen nur bei Paarungskämpfen untereinander/eine Rolle. Sie werden jedes Jahr abgeworfen/und wachsen dann neu und größer nach.

Kurze Vokale

- Eine Katze,/die aus größerer Höhe aus dem Fenster fällt,/tut sich meistens nicht weh./Sie hat im Fall genug Zeit,/sich geschickt in der Luft zu drehen,/und landet sicher/auf allen vier Beinen.
- Eine wichtige Rolle beim Schmecken/spielt der Geruchssinn./Erst zusammen mit dem Geruch/kann sich der Geschmack einer Speise/voll entfalten./Die Duftstoffe im Mund/steigen in die Nase auf./Deshalb schmeckt einem/das Essen viel weniger,/wenn man einen Schnupfen hat.

- Die meisten Menschen haben/an verschiedenen Stellen des Körpers/kleinere oder größere dunkle Flecken,/die man Leberflecken nennt./An diesen Stellen haben sich/dicht unter der Hautoberfläche/viele winzig kleine Farbkörnchen,/die sogenannten Pigmente,/angesammelt.
- Große Regentropfen fallen bei Windstille/mit einer Geschwindigkeit/von 36 Stundenkilometern/zur Erde./Je kleiner sie sind,/desto langsamer fallen sie.

Das oder dass?

- Der Wetterdienst hatte nicht erwartet,/dass der Sturm so große Schäden anrichten würde. Jetzt wurde mitgeteilt,/dass der Schaden mehrere Millionen Euro beträgt.
- Das Haus,/das wir für die Ferien gemietet haben,/steht sehr nahe am Strand./Zumindest steht das so in dem Katalog.
- Wenn ich wüsste,/dass es im Urlaub nicht regnet,/müsste ich keine Regenjacke einpacken.
- Das würde mir am besten gefallen:/viel Sonnenschein und ein schönes Freibad,/das den ganzen Tag geöffnet hat.
- Ich hoffe,/dass wir auf unserer Klassenfahrt nach Norderney/zu dem Wrack wandern./Das wäre sicher ein tolles Erlebnis.

s-Laute

- Die meisten Bälle sind/prall mit Luft gefüllt./Luft ist elastisch./Das heißt,/sie lässt sich zusammendrücken./Wenn der Druck nachlässt,/dehnt sie sich wieder aus./Und genau das passiert,/wenn ein Ball aufspringt.
- Glas und anderes hartes Metall bricht,/wenn man es unter starken Druck setzt./Dieser Druck/kann zum Beispiel von einem Ball kommen,/der auf eine Fensterscheibe prallt,/oder von der Schwerkraft,/die ein Wasserglas/auf den Boden fallen lässt.
- Seesterne sind räuberische Meeresbewohner/aus der Klasse der Stachelhäuter./Ihr Körper besteht aus einer Scheibe/und mindestens fünf Armen./Beim Fressen stülpt der Seestern/seinen Magen aus,/umschließt das Beutetier/und verdaut es.
- Schweine haben keine Schweißdrüsen/und können selbst an den heißesten Tagen/nicht schwitzen./Sie suhlen sich deshalb gerne/im kühlen Schlamm./So ein Schlammbad überzieht die empfindliche Haut/außerdem mit einer Kruste,/die gegen die Sonne und Insektenstiche schützt.

Textdiktate

Die Farbe des Sonnenlichts

Das Son**n**enlicht erscheint uns/far**b**los oder wei**ß**./Trotzdem beste**h**t es/aus den verschiedensten Farben./**Das** erke**nn**en wir **beispielsweise**/an einem Regenbogen:/We**nn** die Sonne in den Regen scheint,/wird das Licht von den Wassertropfen/in seine bunten **Bestandteile** aufgeteilt./Dabei erkennen wir a**ll**e Farben des Regenbogens./Auch mit einem **Prisma**,/einem sechseckigen Glaskörper,/lässt sich das Sonnenlicht/in seine farbigen Bestandteile aufspalten./Diese Hauptfarben sind/Rot, **Orange**, Gelb, Grün, Blau und **Violett**.

Basketball

Basketball unterscheidet sich/von anderen bekannten Ballspielen dadurch,/**dass** ein sogenanntes „körperloses“ Spiel/angestrebt wird. **Das** heißt nicht,/**dass** die Spieler wie Gespenster herumschweben./Sie wollen lediglich harten **Körperkontakt**/mit dem Gegner vermeiden/und möglichst nur den Ball berühren./Ein **Anrempeln** des Gegners ist ein **Foul**/und wird mit einem Freiwurf bestraft.
Basketball wird sehr schnell gespielt,/der Ball und die Spieler sind ständig in Bewegung./Mit dem Ball in der Hand/darf der Spieler nur zwei Schritte laufen;/dann muss er ihn weiterspielen/oder er muss **dribbeln**,/**das** heißt/den Ball auf den Boden aufspringen lassen./Das gibt dem Gegner die Gelegenheit,/ihm den Ball abzujagen./Gewonnen hat die Mannschaft,/die den Ball **am häufigsten**/in den gegnerischen Korb geworfen hat.

Ist Gehen eine richtige Sportart?

Das Gehen ist eine der **anstrengendsten** Sportarten. Die Geher legen lange Strecken zurück: die Männer 20 oder 50 Kilometer, die Frauen fünf oder zehn Kilometer. Im Unterschied zu den **Langstreckenläufern**/müssen die Geher stets/mit einem Fuß den Boden berühren./ So darf etwa der linke Fuß/erst dann abheben,/wenn der rechte wieder **Kontakt**/mit dem Boden hat./Um trotzdem **flink vorwärtszukommen**,/haben **die Geher**/ einen merkwürdig aussehenden/Watschelgang entwickelt./Gehen erfordert nicht nur viel **Kraft**,/sondern auch große **Disziplin**./Wenn die Sportler knapp vor dem Ziel/zum schnellen **Spurt** ansetzen,/kommt es immer wieder vor, dass der eine oder andere/**versehentlich ins Laufen** kommt./Dann wird er vom **Kampfrichter disqualifiziert**/und **alle Mühe** war umsonst.

Der Zirkus in früherer Zeit

Schon in **früherer** Zeit/reiste ein größerer Zirkus/von einer Stadt zur anderen. Er führte dabei/zwei hölzerne **Manegen** mit./Während der Zirkus/in der einen Stadt noch Vorstellungen gab,/zogen die Zirkusarbeiter/bereits zur **nächsten**,/um dort die zweite Manege aufzubauen./
Ein Zelt war **allerdings** viel **praktischer**,/weil man **innerhalb** eines Tages/den Zirkus aufbauen/ und wieder abbauen konnte./Ab 1850 gab es bereits Zelte/mit vier **Masten** und 20 Meter Höhe./Früher wurde/nur bei Tageslicht gespielt,/weil Kerzen oder **Petroleum**lampen/zu **gefährlich** waren./Erst mit der **Elektrizität** gab es auch regel**mäßig** Abendveranstaltungen.

Die Ozeane sind … – Nomen/Substantive und Satzanfänge großschreiben

Das musst du wissen

- **Nomen/Substantive** werden **großgeschrieben**. Alle **anderen Wortarten** werden in der Regel kleingeschrieben. Sie werden aber immer am **Satzanfang großgeschrieben**.
- Du kannst Nomen/Substantive daran erkennen, dass sie oft einen Begleiter haben.
- **Nomen-/Substantivbegleiter** sind
  - **Artikel** (z. B. *der* Krake, *ein* See),
  - **Präpositionen mit verstecktem Artikel** (z. B. *am* Meer, *ins* Wasser),
  - **Adjektive** (z. B. ein *großer* Hai, das *winzige* Plankton),
  - **Pronomen** (z. B. *dieser* Pinguin, *unser* Strand),
  - **Mengenangaben/Zahlwörter** (z. B. *viele* Fische, *zwei* Flossen).

1. Schreibe den Text in der richtigen Schreibweise in dein Heft. Unterstreiche alle Nomen/Substantive und Satzanfänge.

DIE OZEANE

EIN SEHR GROSSER TEIL DER ERDOBERFLÄCHE IST MIT WASSER, DEN MEEREN UND OZEANEN, BEDECKT. OHNE DIESE WASSERMENGEN WÄRE DAS LEBEN AUF UNSERER ERDE NICHT MÖGLICH. EIN TEIL DER FEUCHTIGKEIT DER MEERE VERDUNSTET UND FÄLLT ALS REGEN ODER SCHNEE AUF DIE ERDE. SO ERHALTEN GLETSCHER, BÄCHE UND FLÜSSE WASSER UND KÖNNEN ZUM TEIL NEU ENTSTEHEN.

DAS MEERWASSER WIMMELT VON PFLANZEN UND TIEREN. DIE TIERWELT DER OZEANE UND MEERE IST SEHR VIELFÄLTIG. SO GIBT ES Z. B. DAS PLANKTON, WINZIG KLEINE PFLANZEN ODER TIERE WIE FISCHE, HAIE, KREBSE, MUSCHELN ODER SCHLANGEN. DIE OZEANE BILDEN DAS GRÖSSTE ÖKOSYSTEM DER ERDE. SIE BESITZEN GANZ VIELE LEBENSRÄUME WIE DIE KÜSTE, DAS RIFF, DAS OFFENE MEER UND DIE TIEFSEE.

2. Suche aus dem Text Beispiele für die verschiedenen Nomenbegleiter heraus. Trage sie in deinem Heft zusammen mit dem Nomen/Substantiv, das sie begleiten, in eine Tabelle ein:

Nomen/Substantive mit Artikel	Nomen/Substantive mit Präposition	Nomen/Substantive mit Adjektiv	Nomen/Substantive mit Pronomen	Nomen/Substantive mit Zahlwort/Mengenangabe
…	…	…	…	…

-heit, -keit, -ung, -nis – die Großschreibung an der Endung erkennen

Das musst du wissen

- Durch Anfügen von bestimmten Wortendungen werden aus Verben und Adjektiven Nomen/Substantive gebildet (z. B. *erben* → *Erb**schaft*** oder *sicher* → *Sicher**heit***).
- Dazu gehören die Endungen -**heit, -keit, -ung, -nis, -tum, -schaft**. Alle Wörter mit diesen Endungen werden **großgeschrieben**.

1. Löst das Rätsel, indem ihr aus den vorgegebenen Wörtern durch Anhängen von -heit, -keit, -ung, -nis, -tum oder -schaft ein Nomen/Substantiv macht.

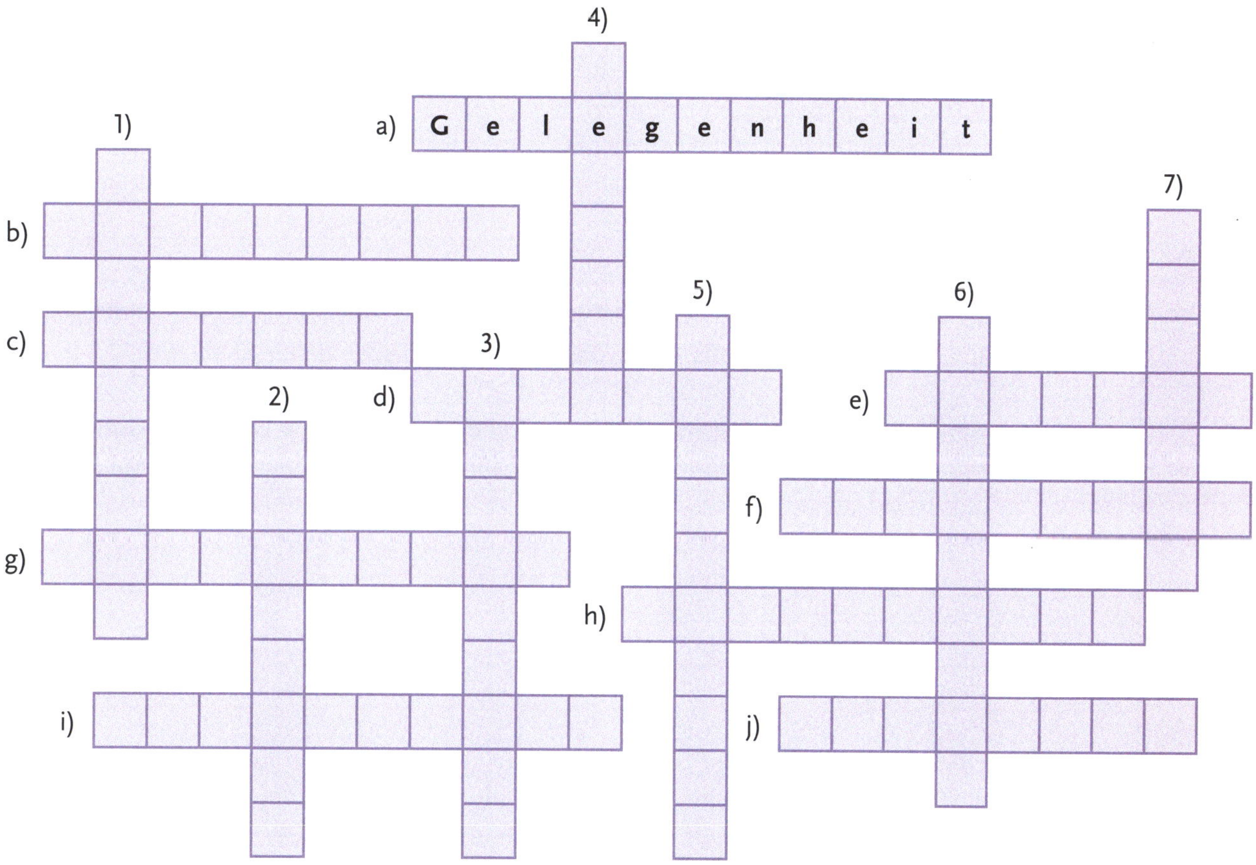

waagerecht

a) gelegen
b) belohnen
c) Zeit
d) zeugen
e) achten
f) gewöhnen
g) finster
h) Graf
i) heiter
j) frei

senkrecht

1) geheim
2) alt
3) einig
4) heizen
5) sicher
6) schön
7) wohnen

2. Ergänze in den folgenden Sätzen die fehlenden Begriffe.
Beispiel: Oft kann man eine **Ansteckung** *(sich anstecken)* nicht vermeiden und wird krank.

a) Wenn man während der Schulzeit erkrankt, ist eine ____________________ (sich krankmelden) notwendig.

b) Sobald die ____________________ (gesund sein) wiederhergestellt ist, kann man wieder zur Schule gehen.

c) In den ersten Tagen befällt einen zwar häufig noch große ____________________ (müde sein).

d) Aber nach ____________________ (wiederherstellen) der Gesundheit geht auch das vorbei.

3. Bilde mithilfe der Wörter in dem Wortspeicher Nomen/Substantive mit den Endungen -heit, -keit, -schaft-, -ung, -nis, -tum. Trage sie in die entsprechende Spalte ein.

heiter • freundlich • verschwenden • Freund • Feind • König • krank • gesund • zeichnen • begraben • umgeben • verwandt • eitel • kennen • tarnen • Mensch • versäumen • wagen • zeugen

-heit	
-schaft	
-keit	
-ung	
-nis	
-tum	

Nicht ins Stolpern kommen! – Großschreibung von Verben

Das musst du wissen

- Verben können zu Nomen/Substantiven werden. Man schreibt sie dann **groß** und spricht von **nominalisierten/substantivierten Verben**.
- Nominalisierte/substantivierte Verben kannst du daran erkennen, dass ein Artikel oder ein anderes Wort (z. B. ein Adjektiv) als **Begleiter davorsteht** (*Im Park ist lautes Toben verboten* oder *Ich lade dich zum Grillen ein*).
- Manchmal **fehlen** die **Begleiter**. Man kann sie aber **einsetzen** (*Laufen macht Spaß* → (*Das*) *Laufen macht Spaß*).

1. Unterstreicht auf den Schildern die großzuschreibenden Verben und setzt ihre Begleiter in Klammern (z. B.: (Das) Anfassen der Tiere ist verboten).

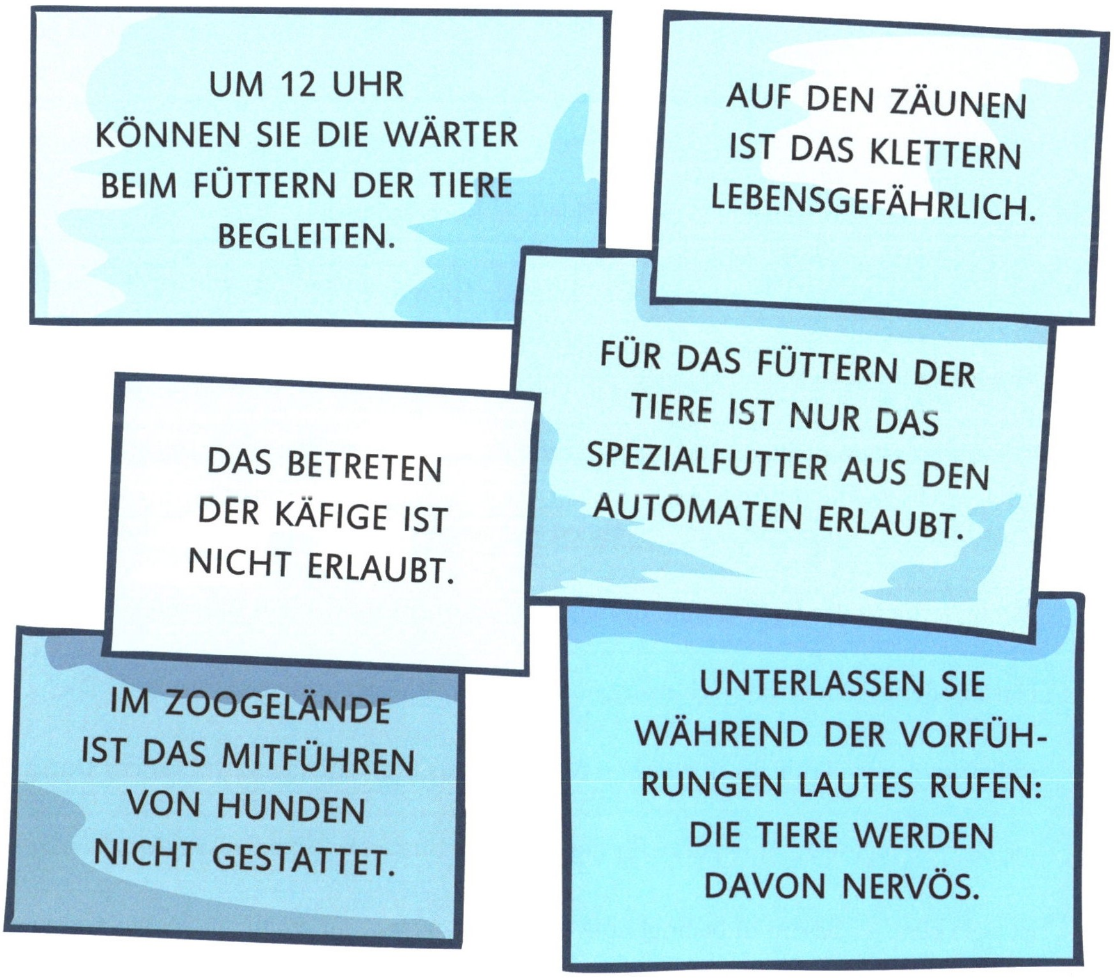

2. Formuliere mithilfe der Verben aus dem Wortspeicher selbst Verbote. Benutze dabei die Verben in nominalisierten/substantivierten Formen.
Die Verbote müssen nicht immer ernst gemeint sein (z. B.: Beim Befahren der Pausenhalle mit Rollschuhen ist Schutzkleidung zu tragen).

betreten • herausziehen • anfassen • verschließen • wecken • mogeln • befahren

3. Setze in die folgenden Satzpaare die richtigen Buchstaben ein.

- Das __ andern macht mir überhaupt keinen Spaß. (w/W)

  Am letzten Schultag __ andern wir zu den Externsteinen. (w/W)

- In der Schule __ esen wir gerade das Buch „Die Vorstadtkrokodile“. (l/L)

  Meine Schwester Beate ist gestern beim __ esen eingeschlafen. (l/L)

- In Wohngebieten ist schnelles __ ahren verboten. (f/F)

  Viele Schülerinnen und Schüler __ ahren mit dem Bus zur Schule. (f/F)

- Im Sportunterricht __ ennen die Mädchen um die Wette. (r/R)

  Im Schwimmbad ist __ ennen nicht erlaubt. (r/R)

4. Setze auch bei dem folgenden Text die fehlenden Buchstaben ein.

Zum __ asteln und __ usprobieren – Lebende Hütten

Vielleicht kannst du ja deine Eltern __ berreden, mit dir ein Weidenhaus zu __ auen. Viel tun musst du nicht, das __ achsen erfolgt nämlich von selbst. Aber etwas Geduld muss man __ itbringen. Zum __ ohnen eignet sich das Haus im ersten Jahr noch nicht. Richtig fertig ist das Dach erst im dritten Jahr. Du musst dir in einer Gärtnerei, beim Förster oder bei einer Naturschutzorganisation 15–30 Weidenruten __ esorgen. Die Ruten werden im Frühjahr in gleichen Abständen als Kreis mit etwa zwei Metern Durchmesser __ ingesetzt. Eine Lücke für die Tür darfst du nicht __ ergessen. Am Anfang ist tägliches __ ässern unbedingt notwendig. Ansonsten __ enötigen die Weiden zum __ achsen nicht viel. Wenn die Ruten etwa zwei Meter lang sind, werden sie oben über Kreuz zu einem Dach __ usammengebunden. Wichtig ist das jährliche __ urückschneiden der Zweige. Nach ca. fünf Jahren ist das Dach so fest, dass es sogar dein Gewicht __ ushält und zum __ lettern geeignet ist.

Dem Fröhlichen gehört die Welt – Großschreibung von Adjektiven

Das musst du wissen

- **Adjektive** werden normalerweise kleingeschrieben. Sie können aber auch wie Verben **zu Nomen/Substantiven werden.** Man schreibt sie dann ebenfalls **groß** und spricht von **nominalisierten/substantivierten Adjektiven** (*das Gute, der Klügere*).
- Vor Adjektiven, die als Nomen/Substantive verwendet werden, steht häufig ein Artikel (*Er lügt **das** Blaue vom Himmel*) oder ein anderer Begleiter (*Ich wünsche dir **alles** Gute*).
- Merke dir folgende **Ausnahme:** Adjektive im **Superlativ** (= Höchststufe) **mit „am"** werden **kleingeschrieben** (*Den letzten Song fand Paula **am** schönsten und besten*).

1. Unterstreicht in den folgenden Sätzen jeweils die großzuschreibenden Adjektive. Schreibt dann die großzuschreibenden Adjektive mit ihrem Begleiter auf.

VERGLICHEN MIT IHREN BEIDEN FREUNDINNEN WAR SIE DIE KLEINSTE.

HEUTE KAM EINE NEUE IN DIE KLASSE.

DAS SCHÖNSTE AM HEUTIGEN TAG IST DIE GROßE PAUSE.

ER WAR DER GLÜCKLICHSTE, WEIL ER EINE ZWEI IN MATHE GESCHRIEBEN HAT.

DER ALTE UND DER JUNGE VERTRAGEN SICH GUT.

SIE IST MEISTENS AN DEM GELB IHRES T-SHIRTS ZU ERKENNEN.

2. Tragt bei den folgenden Sprichwörtern die fehlenden Buchstaben in der richtigen Schreibweise ein.

- Es gibt nichts ___ utes, es sei denn, man tut es.
- Wer anderen eine Grube gräbt, muss ___ ief buddeln können.
- Der ___ lügere gibt nach. Haben deshalb die ___ ummen das Sagen?
- Ein ___ utes Gewissen ist ein ___ anftes Ruhekissen.
- Das ___ eue ist nicht immer das ___ este, sagen viele ___ lte Leute.
- Man ist so ___ lt, wie man sich fühlt.
- Irren ist ___ enschlich.

3. Die folgenden Werbesprüche enthalten viele klein- und großgeschriebene Adjektive. Zeichne die Tabelle in dein Heft und trage die Werbesprüche in der richtigen Schreibweise ein.

FÜR KRABBELKINDER ETWAS NIEDLICHES
DIE NEUE MODE
HOLZMÖBEL AUCH IN SCHWARZ
NICHTS NEUES FÜR NIXEN
ENDLICH DER RICHTIGE
MIT KÜHLEM LEINEN FÜR STRAHLENDE TAGE
SERVICE VOM FEINSTEN
DIE NEUE BUNTE WELLE
EINE GUTE ENTSCHEIDUNG
DAS FRISCHE LIEGT SO NAH
WENN SIE DAS SCHÖNE MIT DEM PRAKTISCHEN VERBINDEN WOLLEN
ALLES GUTE KOMMT NACH OBEN
DER LETZTE SCHREI
DAS NATÜRLICHE LAUFERLEBNIS
IHRE HAUT LIEBT DAS NATÜRLICHE
ÜBER UNSEREN KLEINSTEN BRAUCHT MAN KEINE WORTE ZU VERLIEREN

Das Adjektiv gehört zum Nomen/Substantiv und wird kleingeschrieben	Das Adjektiv wird als Nomen/Substantiv gebraucht und großgeschrieben
Die neue Mode …	Für Krabbelkinder etwas Niedliches …

4. Welche Buchstaben fehlen in diesem Text? Trage sie in der richtigen Schreibweise ein.

Tomate mit …

Johanna: Ich habe heute etwas ganz __olles gesehen.

Jonathan: Erzähl!

Johanna: Ich beschreibe es dir. Es hat zwei __raune Streifen. Schon aus der Ferne kannst du das __euchtende __ot erkennen und dich an der __underschönen Form erfreuen.

Jonathan: So etwas __omisches kenne ich nicht.

Johanna: Tomate mit Hosenträgern!

Jonathan: Sehr __ustig!

Was machst du heute Nachmittag? – Zeitangaben richtig schreiben

Das musst du wissen

- **Zeitangaben** wie *gestern, heute, morgen, abends, morgens, dienstags, freitagabends* werden **kleingeschrieben**. Es handelt sich hierbei um **Adverbien**. **Häufig** kann man sie am **s am Wortende** erkennen.
- Zeitangaben, die **als Nomen/Substantive** gebraucht werden, werden **großgeschrieben** (*der Abend, jener Nachmittag, am Morgen, am Sonntagmorgen*).
- Entsprechend werden Zeitangaben in **Verbindung mit Adverbien** so geschrieben: *gestern Abend, heute Mittag, morgen Nachmittag, ...*
- Bei **zusammengesetzten Zeitangaben** entscheidet das **hintere Wort**, welche Wortart vorliegt und ob die Zeitangabe groß- oder kleingeschrieben wird:
  Dienstagabend (Dienstag + Abend = Nomen + Nomen = Großschreibung);
  dienstagabends (Dienstag + abends = Nomen + Adverb = Kleinschreibung).

1. Trage die fehlenden Buchstaben in der richtigen Schreibweise ein. Achte vor allem darauf, ob die Zeitangabe wie ein Nomen/Substantiv gebraucht wird oder nicht.

- Am besten gefällt mir in der Schule der ___onntag.
- Wir gehen ___orgen ___rüh ins Theater.
- Ich bin ___estern ___achmittag im Kino gewesen.
- Der Film am letzten ___onnerstag hat mir besser gefallen.
- Zum Judotraining gehe ich jeweils ___ittwochs und ___amstags.
- Wir bringen unseren Bruder ___orgens in den Kindergarten.
- Wegen seiner Erkältung wird er ___orgen jedoch zu Hause bleiben.
- Am ___achmittag besucht ihn seine beste Freundin.
- Die Judostunde findet immer ___onnerstags statt, an diesem ___onnerstag bin ich jedoch verhindert.

2. Ergänzt die Tabelle so, dass sich jeweils eine groß- und eine kleingeschriebene Zeitangabe gegenüberstehen.

Kleinschreibung	Großschreibung
morgens	am Morgen, der Morgen, des Morgens
donnerstags	
abends	
sonntags	
montagabends	
	der Vormittag
	am Donnerstagmorgen
	am Freitag
	am Mittag
	am Nachmittag

3. Trage auch im folgenden Bericht die Zeitangaben in der richtigen Form ein.

Eine totale Pechsträhne

Zu früh freute sich am ______________________ (DONNERSTAGABEND) ein Mann aus Kiel. Zwei Tage zuvor, nämlich am ______________________ (DIENSTAG), war sein neues Auto direkt vor seiner Haustür gestohlen worden. Ein Freund hatte das Fahrzeug jedoch bereits am ______________________ (DONNERSTAGNACHMITTAG) vor einer Pizzeria gesehen und versucht, ihn per Handy anzurufen. Da der Mann jedoch bereits ______________________ (MITTAGS) Feierabend gemacht hatte und zum Einkaufen gegangen war und zudem sein Handy im Büro vergessen hatte, erfuhr er erst ______________________ (ABENDS) von dem Fund.

Sofort begab er sich zu dem Lokal und fand das Auto unverschlossen mit steckendem Schlüssel vor. Am ______________________ (MORGEN) des nächsten Tages fuhr er sofort zur Polizeistation, um Anzeige zu erstatten. Als er aus der Polizeistation kam, war sein Wagen wieder verschwunden. Der Mann hatte ihn mit laufendem Motor vor der Wache geparkt. Somit wird er auch ______________________ (HEUTE ABEND) wieder zu Fuß gehen müssen.

4. Übernimm die Sätze von Tatjana in der richtigen Schreibweise in dein Heft. Setze in Klammern dahinter, welchen Wochentag und welches Datum sie jeweils meint, z. B.: (Mittwoch, den 03.04.).

Tatjana sagt am 16.04.:

„ICH KAUFE MIR MORGEN NEUE TURNSCHUHE."
„MEIN BRUDER HATTE VORGESTERN GEBURTSTAG."
„WIR SCHREIBEN ÜBERMORGEN EINE MATHEARBEIT."
„ICH HABE GESTERN BEIM PIZZASERVICE ANGERUFEN UND GESAGT: ‚LIEFERN SIE ÜBERMORGEN.'"
„IN EINER WOCHE GEHE ICH ABENDS INS KINO."

Fahrrad + Ausflug = Fahrradausflug – Zusammensetzungen

Das musst du wissen

- Zwei Wörter können zu einem neuen Wort zusammengesetzt werden. Solche **Zusammensetzungen** nennt man im **Singular Kompositum** und im **Plural Komposita**.
- Das hintere Wort (= **Grundwort**) bestimmt bei zusammengesetzten Wörtern die **Wortart** und damit auch die **Groß- und Kleinschreibung**.

  Z. B.: Haus + Tür = Nomen/Subst. + Nomen/Subst. → Großschreibung = die Haustür
  hell + blond = Adjektiv + Adjektiv → Kleinschreibung = hellblond
  klein + Vieh = Adjektiv + Nomen/Subst. → Großschreibung = das Kleinvieh
  waschen + Maschine = Verb + Nomen/Subst. → Großschreibung = die Waschmaschine

1. Ordne die folgenden Komposita in der richtigen Schreibweise in die Tabelle ein.

TÜRRAHMEN SAMMELBAND HALBRUND LEERLAUF
RENNBAHN FAULTIER GLEICHGÜLTIG SCHULFERIEN
KLASSENARBEIT SCHAUKELPFERD DUNKELROT BUNTSTIFT

Nomen + Nomen	Verb + Nomen
der Lattenzaun	das Fallobst

Adjektiv + Nomen	Adjektiv + Adjektiv
das Kleingeld	tiefblau

2. Macht den folgenden Text genauer, indem ihr möglichst viele Adjektive durch Adjektiv-Zusammensetzungen (= Adjektiv-Komposita) ersetzt.
Verbindet dazu die Wörter aus dem Wortspeicher mit den Adjektiven in den Klammern.
Denkt an die Groß- und Kleinschreibung.

Fahrradausflug

Mein Vater liebt es, am Sonntag eine Fahrradtour durch die Hügellandschaft zu unternehmen. Regelmäßig gerät er dabei ins Schwärmen: „Schaut euch nur die ______________________ (schöne) Natur an! ______________________ (klare) Bäche, ______________________ (grüne) Wälder, bunte Wiesen und ein ______________________ (blauer) Sommerhimmel. Die Sommersonne lacht uns ins Gesicht und wärmt uns Leib und Seele.“ Stundenlang müssen wir uns das schwülstige Gerede anhören, während wir mit verschwitzten und ______________________ (roten) Gesichtern in die Pedalen treten und einen ______________________ (hohen) Berghügel nach dem anderen bezwingen.

Bei dieser sonntäglichen Quälerei hält uns einzig und allein die Aussicht auf eine Rast in einem Eiscafé aufrecht: In bequemen Lehnstühlen sitzen, ______________________ (kalte) Erfrischungsgetränke schlürfen, vielleicht ein ______________________ (kaltes) Fruchteis schlecken und von den Strapazen des Fahrradausflugs erholen. Leider sind diese Reiseunterbrechungen immer wieder viel zu rasch vorbei und die Schinderei beginnt von vorn.

Haus • dunkel • Glas • Eis • tief • Wunder • hoch • Eis

3. Suche aus dem Text alle Nomen/Substantive heraus, die durch Zusammensetzung entstanden sind. Schreibe sie so in dein Heft:
Fahrradtour: das Fahrrad + die Tour.

Teste dich selbst! – Groß- und Kleinschreibung

(zu erreichende Punkte / eigene Punkte)

1. Kreuze jeweils die richtige Antwort an:

a) Wörter, die auf -heit, -nis, -keit, -ung, -tum, -schaft enden, sind

Verben ☐ Nomen/Substantive ☐
Adjektive ☐ Adverbien ☐

2 / ___

b) Adjektive können auch als folgende Wortart gebraucht werden:

Verben ☐ Nomen/Substantive ☐
Adjektive ☐ Adverbien ☐

2 / ___

c) Welche der Schreibweisen ist richtig?

am Schönsten ☐ Am Schönsten ☐
am schönsten ☐ Am schönsten ☐

2 / ___

d) Zeitangaben wie heute, morgen oder abends sind:

Verben ☐ Nomen/Substantive ☐
Adjektive ☐ Adverbien ☐

2 / ___

e) Kreuze die richtige Schreibweise an:

Mittwoch Abends ☐ Mittwoch abends ☐
Mittwochabends ☐ mittwochabends ☐

2 / ___

f) Komposita nennt man:

mehrere zusammengesetzte Wörter ☐ bestimmte Zeitangaben ☐
mehrere verbindende Wörter ☐ ein zusammengesetztes Wort ☐

2 / ___

g) Die Groß- und Kleinschreibung bei zusammengesetzten Wörtern wird bestimmt durch:

das Grundwort ☐ das **s** am Wortende ☐
den Begleiter ☐ die Wortendung ☐

2 / ___

2. Bilde aus den Verben und Adjektiven Nomen/Substantive. Benutze dazu die Endbausteine -heit, -keit, -ung, -tum, -nis und -schaft und ergänze die folgende Übersicht.

erben + schaft = Erbschaft

wirklich + ____________ = ______________________

verhalten + ____________ = ______________________

heizen + ____________ = ______________________________

eigen + ____________ = ______________________________

schön + ____________ = ______________________________ 5 / ___

3. Ergänze den folgenden Text. Entscheide, ob man die Verben groß- oder kleinschreiben muss. 12 / ___

Pinguine

Pinguine ___eben eigentlich in den Meeren. Man ___chmunzelt oft über ihr komisches ___ehen und ___tehen. Eine dicke Fettschicht ___chützt sie vorm ___rfrieren. Die kurzen Beine ___orgen für das ungeschickte ___atscheln der Pinguine. Daher ___ehen die Tiere nur zum ___rüten an Land. Man hat beobachtet, dass sie auf dem Bauch über das Eis ___utschen. Das ist anscheinend bequemer als das mühselige ___üpfen.

4. Setze in die Lücken des Horoskops die Zeitangaben in ihrer richtigen Schreibweise ein.

Nimm dir am Montag nicht so viel vor, sonst bist du am ____________________ (NACHMITTAG) nicht mehr bereit für eine aufregende Bekanntschaft. Der ____________________ (DIENSTAGVORMITTAG) verläuft ruhig. Geh joggen, falls es nicht von ____________________ (MORGENS) bis ____________________ (ABENDS) regnet. ____________________ (DONNERSTAGABEND) ist die beste Zeit, um Dinge nachzuholen. Warte nicht bis ____________________ (SAMSTAG).

Denke ____________________ (SONNTAGS) nicht nur an dich, sondern auch an deine Familie. 7 / ___

Mögliche Punkte: 38 / erreichte Punkte: ___

a/e/o, ah/eh/oh, aa/ee/oo – Schreibweisen von langen Vokalen erkennen

Das musst du wissen

- Die meisten Wörter mit betont und lang ausgesprochenem Vokal haben kein Dehnungszeichen. Man schreibt sie **mit einfachem Buchstaben** (*Hose, heben, gut*).
- In einigen Wörtern folgt dem langen Vokal ein **h** als Dehnungszeichen. Häufig folgt dem **Dehnungs-h** ein l, m, n oder r (*kahl, Rahm, Wahn, Fähre*).
- Manchmal werden lang ausgesprochene Vokale auch durch die **Verdoppelung des Vokals** gekennzeichnet (*Paar, Beet, Moor*).

1. Sucht aus dem Wörterversteck alle Wörter mit einem langen, betonten Vokal heraus. Schreibt sie heraus und unterstreicht den langen Vokal.

Tipp: Alle Wörter schreibt man mit einfachem Buchstaben.

D	G	U	O	B	E	N	K	W	O
V	F	N	Z	F	G	E	Z	E	U
M	A	L	E	R	W	B	H	G	G
O	D	G	A	R	A	E	G	J	E
T	V	H	N	Z	R	L	L	O	B
O	P	E	R	H	E	H	E	K	E
R	O	D	E	N	N	E	B	E	N
U	L	E	S	E	N	X	E	D	U
E	B	L	U	T	D	L	N	H	K
D	D	H	Ö	R	E	N	F	K	L

2. Bilde mithilfe der Wortsterne möglichst viele Wörter mit Vokalverdoppelung. Schreibe sie auf.

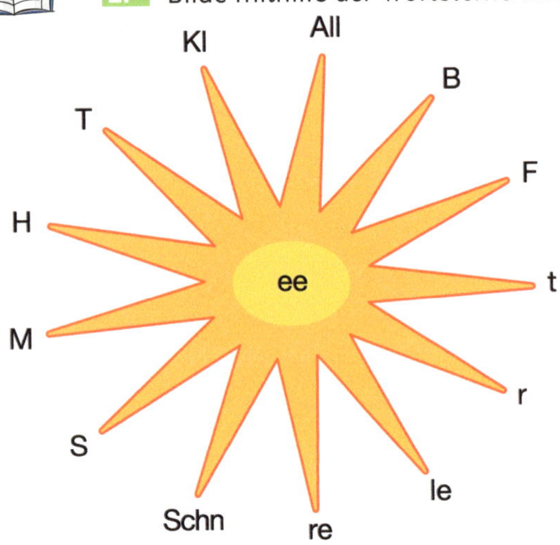

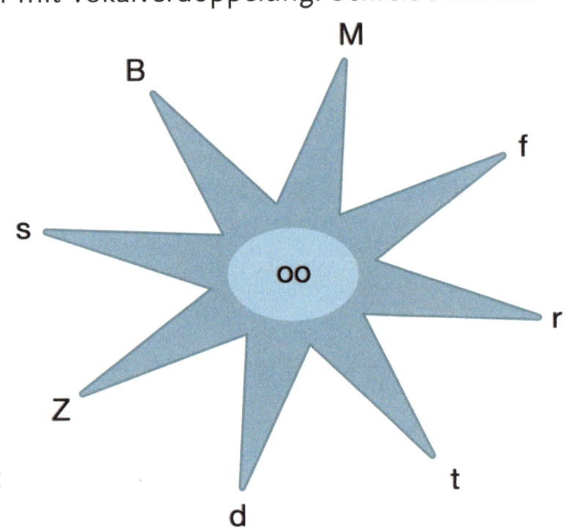

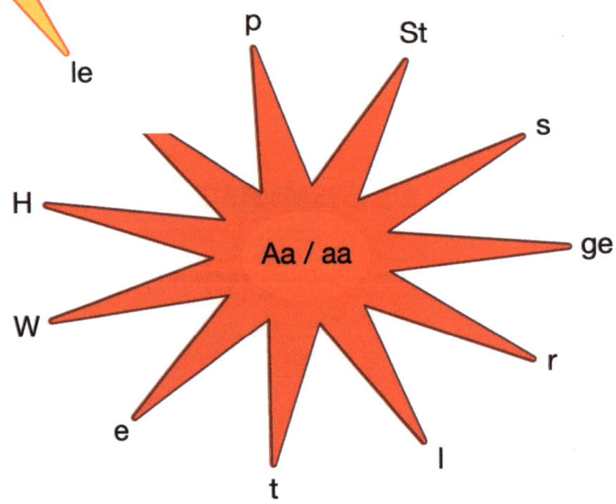

3. Entscheidet, ob in dem folgenden Witz der lange Vokal mit oder ohne Dehnungs-h geschrieben wird.

Aufgef___ren

Der Autof___rer hat sich w___gen des dichten N___bels an die Lichter seines Vordermanns gehängt. Plötzlich bremst dieser abrupt, und der ortsunkundige Fahrer f___rt auf den vorderen W___gen auf. „Müssen Sie denn so plötzlich bremsen?“, beschw___rt er sich. „Was wollen Sie eigentlich?“, fragt der andere. „Ich bin in meiner Gar___ge.“

4. Bilde mithilfe der Kästen möglichst viele Wörter mit einem Dehnungs-h und schreibe sie in dein Heft. Nimm dazu für jedes Wort aus jedem Kasten einen Buchstaben bzw. eine Buchstabenkombination.

Tipp: Du kannst mindestens 34 Wörter bilden. Wenn du 20 Wörter gefunden hast, kannst du zufrieden sein.

B-B-d-F-F-f-f-H-H-H-h-J-K-K-k-k-L-l-l-M-M-M-m-n-R-R-r-S-S-St-st-W-w-Z-z

ah-ah-ah-ah-ah-ah-ah-ah-ah-ah-ah-ah-ah-ah-ah-äh-äh-äh eh-eh-eh-eh-eh-eh-eh-eh-oh-oh-oh-oh-oh-oh-uh-üh-üh

l-l-l-l-l-l-le-le-len-len-len-len-len-ler-m-men-men-n-n-n-n-n-n-ne-ne-ne-nen-r-r-re-ren-ren-ren-rer

Ziege, Tiger, Vieh – Wörter mit langem i-Laut richtig schreiben

Das musst du wissen

- Die **meisten Wörter** mit lang ausgesprochenem i-Laut werden **mit ie** geschrieben (*Stier, lieben, Dieb*).
- In einigen **Wörtern** wird der lang gesprochene i-Laut **mit einfachem i** (*Apfelsine, mir, dir, wir, Magarine*) oder **mit ieh** (*Vieh, ziehen, er lieh*) geschrieben.
- Einige **Personal- und Possessivpronomen** werden **mit ih** geschrieben (*ihr, ihm*).

1. Schreibe die Lösungswörter des Silbenrätsels in dein Heft. Beachte die Groß- und Kleinschreibung.

a) Nicht wenige, aber auch nicht alle
b) Einbrecher (Plural)
c) etwas noch einmal tun
d) Fortbewegungsart
e) anderes Wort für Gewinner
f) Zuneigung

die • vie • wie • sie • flie • der • gen • ger • ho • lie • len • be • le • be

2. Bilde zu den folgenden Verbformen das Präteritum (z. B. er läuft – er lief). Schreibe beide Verbformen in dein Heft.

er läuft • sie stoßen • sie schläft • wir schlafen • wir steigen • ich reibe • sie rufen • sie scheint • er bläst

3. Suche aus dem Wörterversteck neun Wörter, die mit **ie** geschrieben werden, heraus und schreibe sie auf. Beachte dabei die Groß- und Kleinschreibung.

F	G	O	H	I	T	T	M	A	F
M	V	W	C	B	I	O	T	X	G
A	O	R	T	F	E	G	X	T	X
R	N	M	C	D	R	H	D	K	O
S	B	A	S	S	I	E	B	E	N
C	I	H	J	K	O	P	Ü	Ö	R
H	E	D	M	I	E	T	E	R	I
I	N	D	G	J	O	P	J	I	E
E	E	E	G	I	E	R	H	E	S
B	F	K	I	E	M	E	N	M	I
E	G	M	L	R	D	F	G	E	G
N	V	E	R	Z	I	E	R	E	N

4. Ergänze die folgende Tabelle.

Infinitiv	2. Person Singular Präsens	3. Person Singular Präsens
stehlen	*du stiehlst*	*er*
befehlen		
fliehen		
sehen		
empfehlen		
ziehen		

5. Trage die fehlenden Pronomen ein.

- „Kommt ________ heute mit ins Kino?", fragt Paula ihre Freundinnen.
- Alexandra freut sich. Das Fieber ________ kranken Mutter ist gesunken.

  Sie hat ________ Medizin regelmäßig eingenommen.
- Niemals würden Müllers ________ Hund oder ________ Katze verkaufen.
- Tims MP3-Player ist neu. Er leiht ________ trotzdem Döne.
- Herr Müller ist schon über siebzig. Sein Alter sieht man ________ aber nicht an.

6. Löst das Rätsel. Alle Wörter werden mit einfachem **i** geschrieben.
Die umrandeten Felder ergeben das Lösungswort. Es bezeichnet etwas, das z. B. Sportler brauchen, um gute Leistungen zu erzielen.

1. Flusstier mit langer Schnauze:
2. Sieht aus wie eine kleine Apfelsine:
3. Steckt oft in süßen Brötchen:
4. Antriebsmittel für Motoren:
5. Zeitpunkt einer Verabredung:
6. Süßigkeit:
7. Streichinstrument:
8. Ist in Obst enthalten:
9. Verschreibt der Arzt:

Lösungswort: ______________________________

Teste dich selbst! – Wörter mit langem Vokal

(zu erreichende Punkte / eigene Punkte)

1. Unterstreiche in den folgenden Versen mit verschiedenen Farben, wie der lange Vokal im Schriftbild gekennzeichnet wird.
Unterstreiche mit einer Farbe drei Wörter mit Vokalverdoppelung; mit zwei anderen Farben jeweils fünf Wörter mit einfachem Buchstaben und fünf Wörter mit einem Dehnungs-h.

13 / ___

Komische Verse

Die hübsche Fee vom See
zeigt ihren Zeh,
der tut ihr weh.

Es passt jetzt gut,
er fasst nun Mut,
geht ohne Hut.

Ein dicker Wal
hat keine Wahl,
er flieht vor dem Aal.

Der schwarze Pudel
sucht nach Pusteblumen
und Kuchenkrumen.

2. Kreuze jeweils die richtige Antwort an.

a) Die meisten Wörter mit einem lang gesprochenen i-Laut schreibt man mit
einfachem **i** ☐, mit **ie** ☐, mit **ih** ☐.

b) Die meisten Wörter mit einem lang gesprochenen Vokal haben als Dehnungszeichen
keinen weiteren Buchstaben ☐, ein **h** ☐, einen verdoppelten Vokal ☐.

c) Die Wörter, die mit **ih** geschrieben werden, sind in der Regel
Adverbien ☐, Konjunktionen ☐, Pronomen ☐.

d) Bei den Wörtern fl?t, z?t und s?t fehlen die Buchstaben

8 / ___ **ie** ☐, **ih** ☐, **ieh** ☐.

3. Setze die fehlenden Buchstaben für die lang ausgesprochenen Vokale ein.

Vitus B. Dröscher

Der Rotmilan – ein einheimischer Raubv___gel

Der Rotm___lan nistet im Schutz des Waldes oder kleinerer Gehölze auf besonders h___en Bäumen. Von h___r aus unternimmt er mit pfeifendem R___f seine weiten Suchfl___ge. Seine bevorzugten Z___le sind kranke T___re bis H___ner- und Hasengr___ße. Die Bauern nennen ___n Müllschlucker, da er die Angew___nheit hat, sein Nest mit Unrat zu „verz___ren“. Dazu sammelt er Stofffetzen, Zeitungspap___r und Plastikt___ten aus Mülltonnen.

15 / ___

Mögliche Punkte: 36 / erreichte Punkte: ___

Verschieden oder verdoppelt? – Konsonanten nach kurzem Vokal

Das musst du wissen

- Wenn du nach einem kurz gesprochenen, betonten Vokal nur **einen Konsonanten hörst,** wird dieser meistens **verdoppelt** (*Sonne, alle, schwimmen*). Nach einem langen Vokal wird kein Konsonant verdoppelt.
- Die **Verdoppelung** des Konsonanten bleibt **in allen Formen** des Wortes bestehen (*Sonne – er sonnt sich – sonnig, schwimmen – er schwimmt – Schwimmbad*).
- Wenn du nach einem kurzen, betonten Vokal **zwei verschiedene Konsonanten hörst,** wird **keiner verdoppelt** (*Hunde, Arzt, denken*).

1. Kreist die Wörter mit einem kurzen, betonten Vokal ein (z. B. Samt) und streicht die Wörter durch, bei denen der betonte Vokal lang ausgesprochen wird (z. B. Sehne).

Samt	Sehne	Pfand	Mund	Los	Herz	Salz	Lohn
See	Sahne	Herr	Moor	Wanne	Mitte	schnell	Sohn
Gast	Kasse	fühlen	Futter	fertig	Angst	bald	raten

2. In dem folgenden Text sind einige Wörter mit einem kurz gesprochenen, betonten Vokal unterstrichen. Sortiere sie in die Tabelle ein.

Alles Gute kommt von oben?

Gut aufpassen auf das, was von oben kommt, mussten die Menschen früher, wenn sie in großen Städten an Häusern entlanggingen. Viele Jahrhunderte lang war es üblich, den Inhalt des Nachttopfes aus dem Fenster zu schütten.
Wer dann gerade im falschen Augenblick am falschen Ort war, hatte Pech. In Paris wurden sogar mehrmals Gesetze erlassen, die das Leeren des Nachttopfes auf diese Weise verboten. Doch kaum einer hielt sich daran.

Wörter mit verdoppeltem Konsonanten nach kurzem Vokal	Wörter mit zwei oder mehr verschiedenen Konsonanten nach kurzem Vokal

3. Setze bei den Wörtern in Aufgabe 2 einen Punkt unter den kurz gesprochenen Vokal und kreise den Doppelkonsonanten oder die verschiedenen Konsonanten farbig ein.

4. Bilde Reimwörter. Ein Strich steht für einen Buchstaben.

R ____ ____ ____ ____

W ____ ____ ____ ____

L ____ ____ ____ ____

T ____ ____ ____ ____

K ____ ____ ____ ____

M ____ ____ ____ ____

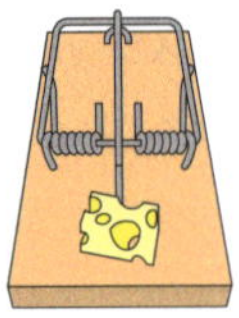

F ____ ____ ____ ____

Qu ____ ____ ____ ____

G ____ ____ ____ ____

W ____ ____ ____ ____

T ____ ____ ____ ____

K ____ ____ ____ ____

Sch ____ ____ ____

Pf ____ ____ ____

Gr ____ ____ ____

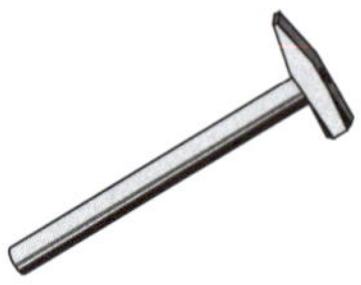

H ____ ____ ____ ____ ____

K ____ ____ ____ ____ ____

Kl ____ ____ ____ ____ ____

5. Löst das folgende Silbenrätsel. Schreibt die Lösungswörter auf. Achtet auf die richtige Klein- und Großschreibung.

1. Damit hält die Polizei Autofahrer an.
2. Damit produzieren wir Töne.
3. Darin wird Geld aufbewahrt.
4. schnelle Fortbewegungsart
5. das Gegenteil von „lieben“
6. Sternzeichen
7. anderes Wort für „anfangen“

stim • kel • kas • le • me • se • ren • gin • zwil • has • sen • nen • linge • be • nen

6. Bilde zu den folgenden Verben die 2. und 3. Person Singular Präsens (z. B. rennen – du rennst – er rennt). Schreibe jeweils den Infinitiv und die beiden Personalformen in dein Heft.

schwimmen • messen • fallen • bitten • essen • treffen • vergessen • nennen • öffnen • küssen • kommen • können • jammern • tippen • hoffen • treffen • rollen • gewinnen • schaffen • füttern

Teste dich selbst! – Wörter mit kurzem, betontem Vokal

1. Ergänze die fehlenden Konsonanten im folgenden Text. Sprich die Wörter laut und deutlich aus oder suche andere Formen des Wortes. Entscheide dann, ob der jeweilige Konsonant verdoppelt wird oder nicht.

(zu erreichende Punkte / eigene Punkte)

Liebevo___e (ll/l) Eltern

Das Pinguinweibchen le___t (gg/g) das Ei, doch das Mä___chen (nn/n) brü___et (tt/t) es aus: Der werdende Pinguinpa___a (pp/p) trägt das kostbare Stück auf seinen Füßen, es ist von einem Hautla___en (pp/p) bedeckt. Die Mä___chen (nn/n) stehen ganz dicht beisa___en (mm/m) und wä___men (rr/r) sich gegenseitig, bis ihre Bru___ (tt/t) geschlüpft ist. Nur so kö___en (nn/n) sie den harten, antarktischen Winter überle___en (bb/b). Während das Mä___chen (nn/n) brütet, geht das Weibchen auf die Ja___d (gg/g). We___ (nn/n) sie nach einigen Wochen zurückkehrt, mit etwa drei Kilogra___ (mm/m) Fleisch im Bauch, hat das Mä___chen (nn/n) ein Dri___el (tt/t) seines Gewichts verlo___en (rr/r). Jetzt erst zieht es selber los, um Beu___e (tt/t) zu machen.

20 / ____

2. Ergänze die folgenden Merksätze und suche aus dem Text jeweils sieben Beispiele zu den einzelnen Regeln heraus.

- Hört man nach einem kurzen, betonten Vokal ________________ Konsonanten, so wird dieser meistens ________________________________. 4 / ____

  Beispiele: ____

  ____ 7 / ____

- Hört man nach einem kurzen Vokal ________________ ________________ Konsonanten, so wird ____________ ________________ verdoppelt. 4 / ____

  Beispiele: ____

  ____ 7 / ____

Mögliche Punkte: 42 / erreichte Punkte: ____

Genau hinhören und ableiten – der einfach geschriebene s-Laut

Das musst du wissen

- Der **gesummt** ausgesprochene, **stimmhafte s-Laut** wird immer mit **einfachem s** geschrieben (*Hase, Reise*).
- Oft hörst du einen stimmlosen s-Laut – vor allem am Wortende – und kannst nicht gleich heraushören, wie er geschrieben wird (*Haus, er reiste*). Dann musst du die **Schreibweise ableiten,** indem du die **Wörter verlängerst** oder **verwandte Wörter** suchst *(Haus – Häuser, er reiste – reisen)*.

1. In den folgenden Wörtern fehlt jeweils der s-Laut. Sprich die Wörter zunächst ganz deutlich aus und schreibe sie dann vollständig in deinem Heft auf.

Häu?er • rei?en • Lo?e • Mäu?e • le?en • Grä?er • brau?en • Prei?e • Gän?e • sau?en • Ga?e • bewei?en

2. Schreibe zu den Wörtern aus dem Kasten zu Aufgabe 1 verwandte Wortformen auf, in denen du einen stimmlosen s-Laut hörst. Unterstreiche den stimmlosen s-Laut.

Häuser – Haus ______ – ______

reisen – er reist ______ – ______

______ – ______ ______ – ______

______ – ______ ______ – ______

______ – ______ ______ – ______

______ – ______ ______ – ______

3. Wähle fünf Wörter aus Aufgabe 1 aus. Bilde möglichst viele Reimwörter dazu und schreibe sie in dein Heft.

4. Leite ab und trage das Reimwort ein.

- Er löst kommt von lösen, er döst kommt von ______.
- Er reist kommt von ______,
  er kreist kommt von ______.

- Glas kommt von ______________________________ ,
  und Gras kommt von ______________________________ .
- Los kommt von ______________________________ ,
  Moos kommt von ______________________________ .
- Er rast kommt von ______________________________ ,
  er bläst kommt von ______________________________ .
- Preis kommt von ______________________________ ,
  Gleis kommt von ______________________________ .

5. Schreibe die Wörter mit einer Ableitung, die ihre Schreibweise verdeutlicht, auf.

Greis • Hals • Laus • Paradies • uns • Fels • fies • Kies • er liest • er verreist • erbost • Puls

Greis – Greise ______________________________

______________________________ ______________________________

______________________________ ______________________________

______________________________ ______________________________

______________________________ ______________________________

______________________________ ______________________________

6. Leite die Schreibung der folgenden Verbformen ab, indem du den Infinitiv (die Grundform) bildest.

sie liest – *lesen* sie sausten – ______________

sie niesten – ______________ sie speisten – ______________

sie hausten – ______________ er fräst – ______________

es braust – ______________ er raste – ______________

Achte auf die Vokale! – Wörter mit „ss“ und „ß“ richtig schreiben

Das musst du wissen

- Die Buchstaben **ss** und **ß** stehen **immer** für einen gezischt ausgesprochenen, **stimmlosen s-Laut**.
- Nach **kurzem Vokal** wird der stimmlose s-Laut mit **ss** geschrieben (Ta**ss**e, me**ss**en, flü**ss**ig).
- Der gezischte s-Laut wird nach einem **langen Vokal** oder **Doppellaut** (z. B. au, ei, eu) mit **ß** geschrieben (grü**ß**en, Fü**ß**en, gie**ß**en).
- Manchmal kann man die Schreibweise nicht sicher heraushören, vor allem am Wortende (er küsst, Spaß, es fließt). Dann musst du die Wörter verlängern oder verwandte Wörter suchen, um die richtige Schreibweise abzuleiten (er kü**ss**t – kü**ss**en, Spa**ß** – Spä**ß**e, es flie**ß**t – flie**ß**en).

1. Tragt die fehlenden Buchstaben ein. Markiert die kurzen Vokale vor den s-Lauten mit einem Punkt und unterstreicht die langen Vokale und Doppellaute.

flie___en, Ka___e, hei___en, Fu___, Flu___, Schü___e,

Spa___, Ku___, Gewi___en, na___, kü___en, bei___en,

Klo___, me___en, Ma___, Ri___, Gie___kanne

2. Schreibe alle Wörter mit **ss** und alle Wörter mit **ß** in alphabetischer Reihenfolge auf.

3. Alle Lösungswörter des Wörterrätsels werden mit **ss** geschrieben. Fülle das Rätsel aus und schreibe die Wörter nochmals auf. Markiere dabei die kurzen Vokale mit einem Punkt.

Zutat für Salat/Würze		s	s							Ess
Gerät zum Schneiden										
starke Drahtseile bei einem Schiff										
Vorrichtung zum Starten des Autos										
Hiermit schließt man eine Tür.										
Küchengeschirr										
Körperteile der Fische										
klare Flüssigkeit										
Mahlzeit/Speise										

4. Schreibe zu folgenden Wörtern verwandte Wörter auf, die ebenfalls mit **ss** geschrieben werden.

Kuss – ______________________________

hassen – ______________________________

fassen – ______________________________

massenhaft – ______________________________

Pass – ______________________________

Messung – ______________________________

Nuss – ______________________________

vergessen – ______________________________

5. Manchmal ändert sich innerhalb einer Wortfamilie die Schreibung des s-Lautes. Beachte dies, wenn du die Tabelle vervollständigst.

Infinitiv	1. Pers. Sing. Präsens	1. Pers. Sing. Perfekt	1. Pers. Sing. Präteritum
lassen	*ich lasse*	*ich habe gelassen*	*ich ließ*
fressen			
wissen			
reißen			
essen			
beißen			
vergessen			
schmeißen			

6. Vervollständige die Wörter in dem Text. Ihr könnt euch den Text auch gegenseitig diktieren.

Wie lä___t sich Salat auf einem Schwamm anbauen?

Lege einen sauberen Badeschwamm in ein Gefä___, de___en Boden du einige Zentimeter hoch mit Wa___er bedeckt hast. Streue die Salat___amen oder Kre___esamen auf den Schwamm. Stelle anschlie___end das Gefä___ an einen hellen, warmen Platz und fülle immer genug Wa___er nach. Nach einigen Tagen sind die Samen aufgegangen und die Pflänzchen wach___en. Nährlösung im Wa___er lä___t den Salat kräftiger sprie___en.

7. Die Wörter in der Wortschlange sind oft gebrauchte Fremdwörter. Schreibe sie heraus.

____

____

____

____

8. Überprüfe, ob du die Schreibweise der Fremdwörter aus Aufgabe 7 sicher beherrschst. Lass sie dir von einem Partner diktieren.

Einprägen hilft – Merkwörter mit „s“

Das musst du wissen

- Nicht immer kannst du die Schreibweise des s-Lautes ableiten oder mithilfe von Regeln erklären.
- Nomen/Substantive, die auf **-nis** enden, schreibt man im **Singular** mit **einfachem s** (Ereignis). Im **Plural** wird das **s verdoppelt** *(Erlebnisse)*.
- Auch Wörter mit **Buchstabenverbindungen st, sk oder sp** musst du dir gut einprägen.

1. Schreibe zu den folgenden Verben Nomen/Substantive mit der Endsilbe **-nis** auf und bilde den Plural dazu (z. B. missverstehen – Missverständnis – Missverständnisse).

Infinitiv	Nomen/Substantiv im Singular	Nomen/Substantiv im Plural
sich ereignen		
begraben		
(be)hindern		
(be)zeugen		
fangen		
erkennen		
erlauben		
bedrängen		
erleben		

2. Trage die fehlenden Buchstabenverbindungen **st, sk** oder **sp** ein.

knu___rig, ha___ig, Ma___e, fa___ (beinahe),

mei___ens, Mu___el, wi___ern, Ka___er,

Flo___el, rü___ig, Ra___, lä___ig,

Pla___ik, Tran___ort, A___, fe___

3. Diktiert euch gegenseitig zehn Merkwörter mit **s** als Wortdiktat.

Teste dich selbst! – S-Laute richtig schreiben

(zu erreichende Punkte / eigene Punkte)

1. Ergänze die folgenden Rechtschreibregeln.

- Der stimmhafte, gesummt gesprochene s-Laut wird immer mit ____________________ geschrieben.
- Der stimmlose, gezischte s-Laut wird mit einfachem **s** geschrieben, wenn es ____________________ Wörter mit stimmhaftem s-Laut gibt.
- Der stimmlose s-Laut wird nach ________________ Vokal mit ________________ geschrieben.
- Der stimmlose s-Laut wird nach ____________________ Vokal oder Doppellauten mit ____________________ geschrieben.

6 / ___

2. Trage in dem folgenden Text die fehlenden Buchstaben ein.

Wie bekommt man einen Apfel in eine Flasche?

Ein richtiger, echter, gro___er Apfel in einer Gla___flasche mit engem Hal___. Wie ist der Apfel da blo___ hineingekommen? Du mu___t dir im Frühsommer, wenn die Äpfel noch ganz klein sind, einen Zweig mit einem Apfel-Winzling aus___uchen. Zweig und Apfelbaby steckst du in die Flasche, ohne den Zweig abzuknicken oder gar abzurei___en. Die Flasche samt Inhalt bindest du an einem benachbarten starken A___fe___. Nun kannst du gela___en beobachten, wie dein Apfel in der Flasche lang___am wächst. Zur Erntezeit im Herb___ nimmst du den Apfel vor___ichtig ab, indem du die Bänder lö___t und die Flasche wegziehst. Der reife Apfel sollte sich leicht vom Zweig lö___en la___en. Nun erinnert nichts mehr daran, dass der Apfel in der Flasche am Baum gewach___en ist!

17 / ___

3. Bilde zu den Adjektiven Nomen/Substantive auf -nis sowie ihre Pluralformen.

finster – ____________________ – ____________________

geheim – ____________________ – ____________________

wild – ____________________ – ____________________

6 / ___

Mögliche Punkte: 29 / erreichte Punkte: ___

Paul ruft: „Hallo!" – Die Zeichensetzung bei der wörtlichen Rede

Das musst du wissen

- Die **wörtliche Rede** wird in **Anführungszeichen** gesetzt.
- Wenn ein **Redebegleitsatz vor der wörtlichen Rede** steht, wird nach dem Redebegleitsatz ein **Doppelpunkt** gesetzt.
  Beispiel: Der Mann fragt: „Wie spät ist es?"
- Wenn der **Redebegleitsatz hinter der wörtlichen Rede** steht, wird ein **Komma** zwischen Redebegleitsatz und wörtlicher Rede gesetzt. Besteht die wörtliche Rede aus einem **Aussagesatz, entfällt der Punkt** am Ende.
  Beispiel: „Es ist zehn Uhr", antwortet Jonas.
  „Wirklich?", fragt der Mann nach.
- Wenn die **wörtliche Rede durch den Redebegleitsatz unterbrochen** wird, setzt du vor und nach dem Redebegleitsatz ein **Komma.**
  Beispiel: „Morgen", verspricht Laura, „werde ich aufräumen."

1. Ergänze in den folgenden Tierwitzen die Zeichensetzung.

- Ein Mann spielt Schach mit seinem Hund. Ein zweiter Mann tritt hinzu ___ ___ Sie haben aber einen klugen Hund. ___ ___ Wieso, er verliert doch immer. ___
- Zwei Kühe liegen auf der Weide. Die eine sagt ___ ___ Muh! ___
  Da sagt die andere ___ ___ Das wollte ich auch gerade sagen. ___
- Das Telefon klingelt. Der Hund hebt ab und meldet sich ___
  ___ Wau! ___ ___ Wer ist da bitte? ___ ___ Wau! ___
  ___ Wer ist da? ___ ___ Wau! ___ ___ Jetzt sagen Sie doch endlich, wer dran ist! ___ ___ Wau, wau! Wilhelm, Anton, Ulrich!
  Wilhelm, Anton, Ulrich! ___

2. Ergänze in den folgenden Sätzen die Zeichensetzung. Achte darauf, dass in diesen Sätzen der Redebegleitsatz hinter der wörtlichen Rede steht.

- Wohin fahren wir in den Sommerferien? fragt meine Mutter.
- Ich möchte wieder an die Nordsee fahren! ruft meine Schwester.
- Warum bleiben wir nicht zu Hause? meint mein Bruder.
- Letztes Jahr hatten wir viel Spaß am Strand sage ich.
- Hoffentlich bekommen wir das Gepäck ins Auto seufzt mein Vater.
- Ich räume doch den Kofferraum ein. Warum machst du dir Sorgen? entgegnet meine Mutter.
- Lasst uns wieder einen Sandburgenwettbewerb machen! rufe ich.
- Können wir auch wieder in die Seehundstation gehen? fragt meine Schwester.
- Vielleicht können wir auch eine Kutterfahrt zu den Seehundbänken machen schlägt mein Vater vor.
- Auf jeden Fall sind wir uns einig, dass es an die Nordsee gehen soll stellt meine Mutter fest.

3. Ergänze in den folgenden Sätzen die Zeichensetzung. Achte darauf, dass in diesen Sätzen der Redebegleitsatz die wörtliche Rede unterbricht.

- Wer fragt Timo hat mein Deutschbuch weggenommen?
- Es war sagt Andrea vorhin doch noch auf deinem Tisch.
- Irgendjemand ruft Timo empört hat es aber versteckt!
- Warum rät ihm Thomas siehst du nicht in deiner Schultasche nach?
- Stimmt! Ich habe entschuldigt sich Timo es ja selbst dort hineingesteckt.

Ich mag Fußball, Kino und Musik – das Komma bei Aufzählungen

Das musst du wissen

- Aufzählungen von Wörtern und Wortgruppen werden durch ein **Komma voneinander getrennt**.
- Vor den Wörtern **und**, **oder** und **sowie** steht bei Aufzählungen **kein Komma**.
  Beispiel: Der Eisbär ist groß, stark, schnell_**und** ausdauernd.

1. Ergänze in den folgenden Sätzen die fehlenden Kommas.

- In unserem Garten wachsen Äpfel Birnen und Kirschen.
- Meikes Lieblingsfächer sind Sport Biologie und Musik.
- Zu Michaels Geburtstag kommen seine Eltern seine Schwester seine Großeltern sowie sein Onkel.
- Im Zoo möchte ich die Elefanten die Giraffen und die Tiger sehen.
- Meryems Familie fährt im Sommer auf die Inseln Amrum Föhr oder Sylt.
- Die Nebenflüsse der Donau heißen Isar Iller Lech und Inn.

- Elefanten sind große graue dickhäutige gutmütige und gelehrsame Tiere.
- Meine Hosen sind alle blau braun oder schwarz.

2. Ergänze die Aufzählungen und setze die Kommas an die richtige Stelle.

- In meiner Schultasche habe ich meine Bücher, mein ______________________________
  ____
- In unserem Klassenraum haben wir viele Poster, viele ______________________________
  ____
- Meine Lieblingsfächer sind ______________________________
  ____
- Ich esse gerne ______________________________
  ____

3. Unterstreiche in den folgenden Texten die Aufzählungen, kreise die Konjunktionen **und** oder **oder** ein und setze die Kommas an die richtige Stelle.

Der Luchs

Der Luchs ist ein Raubtier, das in den dichten Wäldern der Alpen und des Mittelgebirges lebt. Er ernährt sich hauptsächlich von Mäusen aller Art kleinen und mittelgroßen Vögeln Kaninchen und Hasen Rehen jungen Wildschweinen Eichhörnchen und Mardern Füchsen Waschbären und Wildkatzen.

Der Haussperling

Die Haussperlinge bauen ihre lockeren überdachten und nach menschlichen Ansprüchen unordentlichen Nester aus Strohhalmen Grashalmen Papierfetzen Wollfäden oder ähnlichem Baumaterial. Ihre Hauptnahrung besteht aus Knospen Samen Blättern Küchenabfällen und Nahrungsresten von Menschen.

4. Welche Zutaten braucht man für die folgenden Rezepte? Schreibe Sätze mit Aufzählungen. Benutze die Wörter aus dem Wortspeicher. Setze die Kommas an die richtige Stelle. (Wenn du dich mit den Zutaten nicht so gut auskennst, achte auf die Farben!)

Butter ● Butter ● Eiern ● Gemüsebrühe ● Hefe ● Mehl ● Mehl ● Milch ● Milch ● Möhren ● Öl ● Petersilie ● Sahne ● Salz ● Salz ● Salz ● Zucker ● Zwiebeln

- Für Butterkuchen braucht man (6 Zutaten) ______________________
- Nudelteig kannst du herstellen aus (4 Zutaten) ______________________
- Eine Möhrensuppe mit Kräutern macht man aus (8 Zutaten) ______________________

Hauptsätze verbinden – das Komma in Satzreihen

Das musst du wissen

- Werden mehrere Hauptsätze aneinandergereiht, nennt man dies eine **Satzreihe.**
- Häufig werden Hauptsätze durch **Konjunktionen** (z. B.: und, oder, aber, denn, sondern, doch, deshalb, trotzdem) verbunden.
- Vor der Konjunktion steht in der Regel ein **Komma.**
- Vor den Konjunktionen **und** und **oder** kannst du das Komma weglassen.

1. Setze in den folgenden Sätzen jeweils ein Komma pro Satz und kreise die Konjunktionen ein.

- Ich würde heute gerne Fußball spielen aber ich bin krank.
- Die nächste Mathearbeit wird schwer doch ich werde die Aufgaben schaffen.
- Marvin fallen die Aufgaben nicht schwer denn er ist gut in Mathe.
- Man sieht dunkle Wolken am Himmel trotzdem nimmt Carina keinen Schirm mit.
- Meine Mutter hat heute Geburtstag deshalb habe ich ihr ein Geschenk gekauft.
- Ich treffe mich heute nicht mit Annika sondern ich gehe zu meinen Großeltern.

2. Verbinde jeweils die beiden Hauptsätze mit der Konjunktion in der Klammer und schreibe die Satzreihen in dein Heft. Setze die Kommas an die richtige Stelle und kreise die Konjunktionen ein.

Beispiel: Johannes erwartet heute einen Sieg seiner Mannschaft. Sie hat schon oft hoch gewonnen. (denn)
Johannes erwartet heute einen Sieg seiner Mannschaft, (denn) sie hat schon oft hoch gewonnen.

- Johannes ist fröhlich. Er freut sich auf das Fußballspiel am Nachmittag. (denn)
- Letztes Mal hat seine Mannschaft verloren. Er freut sich auf das Spiel. (trotzdem)
- Johannes läuft schneller als die anderen Spieler. Er bekommt den Ball noch. (deshalb)
- Der Torwart fliegt in die richtige Ecke. Er kann Johannes' Schuss nicht halten. (aber)
- Johannes' Mannschaft hat noch weitere Torchancen. Es bleibt beim 1:0. (doch)
- Nach dem Spiel lobt der Trainer seine Mannschaft. Die Spieler haben sich sehr angestrengt. (denn)
- Die Spieler sind müde. Sie sind froh über das gewonnene Spiel. (trotzdem)

Haupt- und Nebensätze verbinden – das Komma in Satzgefügen

Das musst du wissen

- Die Verbindung aus einem **Hauptsatz** und einem **Nebensatz** nennt man **Satzgefüge.**
- **Zwischen Haupt- und Nebensatz steht immer ein Komma.**
- Der Nebensatz kann hinter dem Hauptsatz oder vor dem Hauptsatz stehen.
- Du erkennst einen Nebensatz daran, dass die **Personalform des Verbs am Ende** des Nebensatzes steht.
- Oft wird ein Nebensatz von einer **Konjunktion** (z. B.: als, weil, obwohl, ...) eingeleitet.

1. Die folgenden Satzgefüge bestehen immer aus einer Verbindung von Haupt- und Nebensatz. Arbeite so mit den Sätzen:

- Kreise die Konjunktionen, die die Nebensätze einleiten, ein.
- Unterstreiche die Hauptsätze mit einer geraden Linie und die Nebensätze mit einer Wellenlinie.
- Setze ein Komma zwischen Haupt- und Nebensatz.

Diese Geschichte ist spannend weil sie von der Steinzeit handelt.

Obwohl die Handlung in der Gegenwart spielt erfährt man viel über die Steinzeit.

Bevor ich das Buch gelesen habe wusste ich nicht viel über die Steinzeit.

Ich konnte oft nicht aufhören zu lesen da das Buch so spannend war.

Ich leihe dir das Buch gern aus wenn du es auch einmal lesen möchtest.

Damit du es schnell bekommst bringe ich es dir morgen mit in die Schule.

Du kannst es mir zurückgeben nachdem du es gelesen hast.

Du kannst das Buch behalten bis die Ferien anfangen.

2. Bilde aus den folgenden Satzpaaren Satzgefüge aus Haupt- und Nebensatz und schreibe sie in dein Heft. Verwende dabei die Konjunktionen in den Klammern.

- Heute Nachmittag treffen sich Kai, Sabrina und Christian. Sie wollen Fußball spielen. (weil)
- Wir freuten uns sehr. Wir hatten einen Hund aus dem Tierheim geholt. (nachdem)
- Hannes bringt sein Fahrrad zu seinem Onkel. Sein Onkel repariert es. (damit)
- Onur erlebt viele aufregende Abenteuer. Er träumt von Reisen in ferne Länder. (während)
- Nina besucht ihre Großeltern. Die Ferien fangen an. (als)

3. Verbinde die Haupt- und Nebensätze so, dass sinnvolle Satzgefüge entstehen. Schreibe anschließend die vollständigen Sätze in dein Heft und setze die Kommas.

Weil es sehr viel geschneit hatte	obwohl sie es eilig hatten.
Die Autofahrer fuhren vorsichtig	kam es immer wieder zu Staus.
Die Streufahrzeuge arbeiteten seit Stunden	waren die Straßen sehr glatt.
Bis alle Straßen geräumt waren	lief der Verkehr wieder normal.
Als die Straßen frei von Schnee waren	damit die Straßen befahrbar wurden.

4. Vervollständige die Satzanfänge. Setze ein Komma zwischen Haupt- und Nebensatz.

- Als ich heute Morgen ______________________________

  ____
- Während ich zur Schule ______________________________

  ____
- Weil es an diesem Morgen ______________________________

  ____
- Bevor ich in der Schule ______________________________

  ____

5. In dem Zeitungsbericht fehlen insgesamt acht Kommas. Setzt sie ein.

Fahrstuhl als Diebesfalle

Alles andere als planmäßig verlief das Weihnachtsfest für zwei englische Diebe als sie an Heiligabend einen Tresor aus einem Kaufhaus in London rauben wollten. Da ihre Beute zu schwer war blieben die beiden im Fahrstuhl stecken. Obwohl der Lift nur für zwei Personen zugelassen war nahmen die Diebe ihre Beute mit in den Fahrstuhl. Dieser blieb stecken nachdem die Diebe ihn in Gang gesetzt hatten. Die Männer verbrachten sechs Stunden zwischen zwei Kaufhausetagen bis sie von der Polizei befreit wurden. „Als wir die Fahrstuhltüren öffneten fielen uns die beiden in die Arme“, sagte ein Polizeisprecher. Die Diebe freuten sich jedoch nicht lange weil sie sofort von der Polizei verhaftet wurden. Die Mitarbeiter des Kaufhauses waren erstaunt, als sie von dem Vorfall hörten.

Teste dich selbst! – Die Zeichensetzung trainieren

(zu erreichende Punkte / eigene Punkte)

1. In welche der folgenden Sätze musst du ein Komma setzen? Kreuze sie an.

- ☐ Julians Lieblingssportarten sind Handball und Volleyball.
- ☐ Heute Vormittag hatten wir Deutsch Mathematik und Sport.
- ☐ Am Wochenende habe ich ausgeschlafen aufgeräumt und Fußball gespielt.
- ☐ In der Mensa gab es heute Nudeln und Soße.
- ☐ Die Schüler unserer Schule fahren mit dem Bus mit dem Fahrrad oder gehen zu Fuß.
- ☐ Das Wetter morgen wird nass und kalt.
- ☐ In den Sommerferien bleibe ich zu Hause treffe meine Freunde und gehe ins Freibad.

7 / ___

4 / ___

2. Setze jetzt in den Sätzen, die du angekreuzt hast, die Kommas.

3. Ergänze in dem folgenden Witz die Zeichensetzung. Es fehlen insgesamt 6 Doppelpunkte und 12 Anführungszeichen.

Der Löwe brüllt das Zebra an Wer bin ich? Zitternd antwortet das Zebra Der König der Tiere!
Zufrieden geht der Löwe weiter. Dann faucht er eine Gazelle an Wer bin ich?
Die Gazelle, halb tot vor Angst Der König der Tiere!
Dann brüllt der Löwe einen Elefanten an Wer bin ich? Der Elefant packt ihn mit dem Rüssel, hebt ihn hoch und schleudert ihn krachend zu Boden.
Sagt der Löwe kleinlaut Man wird doch wohl mal fragen dürfen.

18 / ___

9 / ___

4. Ergänze in dem folgenden Witz die Zeichensetzung. Es fehlen insgesamt 3 Kommas und 6 Anführungszeichen.

Am See. Ein Mann mit Hund wartet, bis sich einige Zuschauer eingefunden haben, und wirft demonstrativ ein Stück Holz weit hinaus. Der Hund läuft los, rennt über das Wasser zum Holzstück und bringt es seinem Herrn zurück, der stolz die Zuschauer anblickt.

Na, wie finden Sie meinen Hund? fragt er herausfordernd.

Nun antwortet ein Zuschauer ich will ja nichts sagen – aber Ihr Hund kann ja gar nicht schwimmen.

5. Die folgenden Konjunktionen können zwischen Haupt- und Nebensatz stehen; vor ihnen steht ein Komma. Schreibe die Konjunktionen richtig auf.

LOHBOW: ______________ ENNW: ______________

IWEL: ______________ SLA: ______________

MENDACH: ______________ TDAIM: ______________ 6 / ___

6. Kreuze in der Tabelle an, ob es sich bei den Sätzen jeweils um einen Haupt- oder einen Nebensatz handelt.

Beispielsatz	Hauptsatz	Nebensatz
obwohl das Wetter immer schlechter wird		
die Bergsteiger beginnen mit dem Aufstieg auf den Berg		
es liegt Schnee auf dem Gipfel		
sie fühlen sich sicher		
nachdem es einige Stunden lang geschneit hat		
weil sie gut ausgerüstet sind		

6 / ___

7. Bilde aus den Haupt- und Nebensätzen aus Aufgabe 6 drei sinnvolle Satzgefüge. Schreibe die neuen Sätze in dein Heft. 3 / ___

8. Setze in den folgenden Sätzen die Kommas. In einem Satz musst du kein Komma setzen.

- Wir freuen uns auf die Ferien denn wir machen Urlaub am Meer.
- Weil mein Bruder noch nie am Meer war freut er sich besonders.
- Wir nehmen Schaufeln mit damit wir eine Sandburg bauen können.
- Wir fahren in diesem Jahr nicht an die Nordsee sondern wir verbringen zwei Wochen an der Ostsee.
- Während wir im Urlaub sind streiten sich mein Bruder und mein Schwester nicht.
- Meine Schwester will am Strand Fußball spielen und mein Bruder möchte Muscheln sammeln.
- Wir werden wieder an die Ostsee fahren wenn es uns gefällt.
- Obwohl ich schon einmal am Meer war freue ich mich sehr auf den Urlaub. 8 / ___

Mögliche Punkte: 61 / erreichte Punkte: ___

Textquellenverzeichnis

(Die Ziffern in Klammern verweisen auf die Lösungsbeilage.)

S. 5: Ein wirklich anhänglicher Vogel. Aus: Treff Jugendbuch. Abenteuer und Reportagen aus Natur, Technik, Vorzeit und Geschichte, Velber Verlag, Seelze 1997, S. 90; **S. 6:** Nashorn-Feuerwehr. Aus: Treff Jugendbuch. Abenteuer und Reportagen aus Natur, Technik, Vorzeit und Geschichte, Velber Verlag, Seelze 1997, S. 90; Englisch für Hunde. Aus: Treff Jugendbuch. Abenteuer und Reportagen aus Natur, Technik, Vorzeit und Geschichte, Velber Verlag, Seelze 1997, S. 30; Känguru geehrt. Texte von Kristine Kretschmer und Annette Bäßler, aus: www.sowieso.de; **S. 7:** Christian Tielmann: Der Kahn. Aus: Ich schenk dir eine Geschichte. Freundschaftsgeschichten, hg. von der Stiftung Lesen, cbj Verlag, München 2010; **S. 9:** Großes Land, grobes Netz. Aus: Geolino extra, Nr. 21/2009, S. 89ff. (gekürzt); **S. 12** (1 Lös.): Frantz Wittkamp: Warum sich Raben streiten. Aus: Hans-Joachim Gelberg (Hg.): Überall und neben dir, Beltz Verlag, Weinheim und Basel 1986; **S. 14** (2 Lös.): nach Äsop: Die Grille und die Ameise. Aus: Dimiter Inkiow: Äsops Fabeln, Lentz Verlag 1999; **S. 16:** nach Äsop: Der Löwe und die Maus. Aus: Fabeln des Äsop, nacherzählt von Rudolf Hagelstange, Otto Maier Verlag, Ravensburg 1966; **S. 17:** Brüder Grimm: Das Brot ist zu Stein geworden. Nach: Deutsche Sagen, hg. von den Brüdern Grimm, Deutscher Klassiker Verlag, Frankfurt/M. 1994, S. 279 f.; **S. 19:** Die Stadt Vineta. Aus: www.stadt-barth.de/vinetasage.htm (leicht geändert u. gekürzt) [28.10.2010]; **S. 20:** Barbara Lich: Origami. Nach: Geolino, Nr. 5/Mai 2009 (Text leicht verändert und gekürzt); **S. 24:** Rufus Beck: Gutes Vorlesen ist eben, wenn sich keiner langweilt. Aus: www.vorlesewettbewerb.de/files/vwb_tipps_beck.pdf [04.06.2014]; **S. 27** (5 Lös.): Erich Kästner (Lexikonartikel). Nach: Heinrich Pleticha (Hg.): Junior Literatur-Lexikon, Deutscher Taschenbuch Verlag, München 1996, S. 168; **S. 33:** Thunfischtoast. Aus: Hilde Eilers: Was Kindern schmeckt, Verlag Naumann & Göbel, Köln 1991, S. 125; **S. 63** (17 Lös.): Der indische Seiltrick. Nach: Dr. Aloys Christof Wilsmann: Die zersägte Jungfrau – Kleine Kulturgeschichte der Zauberkunst, Scherl Verlag, Berlin 1943, http://home.snafu.de/tilman/zauber/zt_hist.html#Seiltrick [04.06.2014]; **S. 65** (18 Lös.): Wie verwandelt man eine Orange in einen Apfel? Aus: Leo Neumann: 1000 tolle Tricks und Rätsel, Loewe Verlag, Bindlach 1995; **S. 73:** Auszug aus: Die deutsche Rechtschreibung (Duden), Bibliographisches Institut, Mannheim 2004; **S. 79:** Fünf-Minuten-Diktate: aus: Nikolaus Lenz: Das Buch der 1000 Kinderfragen, Loewe Verlag, Bindlach 1995; **S. 100** (29 Lös.): Vitus B. Dröscher: Der Rotmilan – ein einheimischer Raubvogel. Aus: Ders.: Tiere in ihrem Lebensraum, Otto Maier Verlag, Ravensburg, 1988, S. 97; **S. 101:** Alles Gute kommt von oben? Aus: Roman Fellens: Das große Buch der Quizfragen und Rekorde, Arena Taschenbuch, Würzburg 2001, S. 130; **S. 103** (30 Lös.): Liebevolle Eltern. Aus: National Geographic world, Marvi Hämmer's Snapshot, März 2007, S. 12; **S. 108** (32 Lös.): Wie lässt sich Salat auf einem Schwamm anbauen? Nach: Leo Neumann: 1000 tolle Tricks und Rätsel, Loewe Verlag, Bindlach 1995, S. 93; **S. 110** (32 Lös.): Wie bekommt man einen Apfel in eine Flasche? Nach: Leo Neumann: 1000 tolle Tricks und Rätsel, Loewe Verlag, Bindlach 1995, S. 92; **S. 118** (35 Lös.): Tierwitze. Aus: Peter Köhler (Hrsg.): Das Witzbuch, Reclam, Stuttgart 1993, S. 99–101.

Bildquellenverzeichnis

|alamy images, Abingdon/Oxfordshire: Fearn, Paul 16. |Art Explosion, Calabasas, CA: 32, 102, 102, 102, 102, 102, 102. |Berghahn, Matthias, Bielefeld: 5, 6, 6, 13, 15, 16, 18, 19, 19, 28, 29, 31, 31, 31, 33, 33, 37, 37, 39, 39, 39, 40, 42, 43, 43, 43, 43, 43, 43, 46, 51, 52, 52, 52, 53, 54, 54, 55, 57, 59, 62, 63, 63, 67, 69, 71, 73, 82, 82, 85, 87, 88, 88, 90, 91, 91, 93, 96, 96, 96, 96, 96, 97, 98, 98, 102, 102, 104, 104, 106, 108, 109, 110, 115, 116, 117. |Fotex Medien Agentur GmbH, Hamburg: Fritz Poelking 103. |Fotofinder GmbH, Berlin: Richard I'Anson / Lonely Planet Images 52; Supraphoto 80; Xinhua 81. |Getty Images, München: Shaul Schwarz 21. |Huber Images, Garmisch-Partenkirchen: 114. |Jacoby, Holger, Dortmund: 25. |Jahreszeiten Verlag GmbH, Hamburg: Keupen, Piet 59. |Joerg Boethling photography, Hamburg: agenda 10. |juniors@wildlife Bildagentur GmbH, Hamburg: M. Harvey 53; Wegler, M. 79. |Kassing, Reinhild, Kassel: 5, 6, 12, 12, 14, 15, 15, 19, 26, 29, 30, 36, 38, 40, 48, 54, 55, 56, 62, 63, 64, 65, 71, 75, 85, 87, 93, 97, 97, 99, 100, 108, 111, 112, 115, 117, 118. |laif, Köln: Neema Frederic 23. |Naumann & Göbel Verlagsgesellschaft mbH, Köln: Hilde Eilers: Was Kindern schmeckt, Verlag Naumann & Göbel, Köln 1991 33, 33, 34, 34, 34, 34, 34, 35, 35, 35, 35, 35. |OKAPIA KG - Michael Grzimek & Co., Frankfurt/M.: Graham Robertson/Auscape/SAVE 95. |Picture-Alliance GmbH, Frankfurt/M.: dpa / Goebel 27; dpa/ESA 82; dpa/Forum Marek Skorupski 17; Süddeutsche Zeitung Photo / Haas, Robert 49; ZB/Lander, Andreas 113. |Rätselagentur Kanzlit, Lübeck: Donata Golenia/www.kanzlit.com 52, 52. |Schlottmann, Guenther, Paderborn: 42, 78. |vario images, Bonn: Papsch, Christoph 61. |Wetterauer, Oliver, Stuttgart: Illustrationen 51.

Lösungen

Lesen, vorlesen, zusammen lesen – Lesetraining

Seite 5 1. Überzählige Wörter sind: sieben, noch, acht, keiner, hundert, vielleicht, immer, kommen.

Seite 5 2. In der Reihenfolge vertauschte Wörter sind: jungen Basstölpel, verloren hatte, die Freiheit, keinen Preis, ihrer Obhut, Berliner Zoo, eine Kolonie.

Seite 6 3. Die richtigen Ausdrücke sind: Feuerwehr, feine, Rauch, Entfernung, Nashorn, rennt, aus, mit, schnell.

Seite 6 4. Die Wörter lauten folgendermaßen: Kän**gu**ru, m**i**t, g**e**ehrt, T**ie**r, gerette**t**, M**a**nn, ein**em**, As**t**, eingekle**mm**t, z**u**, hü**pf**te, Hau**s**, Hil**f**e, M**u**tter, überfahr**en**, **l**ebt, Far**m**er, klopf**t**, T**ü**r, Kek**s**e, Ma**nn**.

Seite 6 5. D ie Wörter lauten folgendermaßen: müssen, jetzt, Polizeihunde, Polizei, Lieferung, Polizeihunden, Befehle, verstanden, Ratlosigkeit, Hunde, Verwirrung, verstanden, nicht, von, wollte, jetzt, machen, bis, alle, Sprachen.

Seite 9 1. **Mögliche Überschriften für die Textabschnitte:**
1. Große Löcher in Indiens Stromnetz
2. Ländliche Gebiete am stärksten betroffen
3. Nachts versinken Dörfer in Dunkelheit und Stille
4. „Stromlosigkeit" auch am Tag
5. Eigeninitiative der Dorfbewohner
6. Selbstgemachter Strom in Indien

Seite 11 2.
a) Falsch; die Bewohner bauten eine **Mini-Anlage**, mit der sie Strom erzeugen (vgl. Abschnitt 5 und 6).
b) Richtig, Abschnitt 1
c) Falsch; etwas mehr als die Hälfte der Haushalte **außerhalb der Städte** ist nicht an das Stromnetz angeschlossen (vgl. Abschnitt 2).
d) Richtig, Abschnitt 6
e) Falsch; die bunten **indischen Gewänder** nennt man Saris (vgl. Abschnitt 4).

Reim, Vers, Strophe – Gedichte

Seite 12/13 1./2.

Frantz Wittkamp
Warum sich Raben streiten

Weißt du, warum sich Raben streiten? a
Um Würmer und Körner und **Kleinigkeiten,** a

um Schneckenhäuser und Blätter und Blumen b
und Kuchenkrümel und **Käsekrumen,** b

und darum, wer recht hat und unrecht, und dann c
auch darum, wer schöner singen **kann.** c

Mitunter streiten sich Raben wie toll, d
darum, wer was tun und lassen **soll,** d

und darum, wer Erster ist, Letzter und **Zweiter** e
und Dritter und Vierter und so weiter. e

Raben streiten um jeden **Mist.** f
Und wenn der Streit mal zu Ende ist, f

weißt du, was Raben dann sagen? g
Komm, wir wollen uns wieder **vertragen!** g

Seite 13 **3.** Das Gedicht mit dem Titel **„Warum sich Raben streiten"** von **Frantz Wittkamp** hat sieben **Strophen**. Jede **Strophe** besteht aus je **zwei Versen**. Das Reimschema ist der **Paarreim**. Inhaltlich geht es in dem Gedicht darum, dass sich Raben über unwichtige Dinge wie **Würmer, Körner, Schneckenhäuser, Blätter, Blumen, Kuchenkrümmel oder Käsekrumen** streiten. Sie streiten sich auch darüber, wer **recht hat und schöner singen kann** oder wer **was tun soll und wer Erster oder Letzter ist**. Der Sprecher des Gedichts stellt deshalb fest, dass sich Raben über **jeden Mist streiten** würden. Wenn der Streit zwischen den Raben aber zu Ende ist, versöhnen sie sich und fragen einander, **ob sie sich wieder miteinander vertragen wollen.**

Das ist ja fabelhaft – Fabeln

Seite 14 **1.** nach Äsop

Die Grille und die Ameise

Ameisen trockneten einst feucht gewordene Früchte. Eine Grille bat sich ein wenig davon aus, um ihren Hunger stillen zu können. Die Ameisen sagten zu ihr: **„Du hättest im Sommer sammeln müssen, dann brauchtest du jetzt nicht bei uns zu betteln."**
Sie aber antwortete: **„Ich hatte keine Zeit, weil ich singen musste. Die Menschen brauchen das zum Einschlafen."**
Da spotteten die Ameisen: „So lass dich von denen jetzt füttern, die du in den Schlaf gesungen."
Die Lehre dieser Fabel lautet: Wer in der guten Zeit nicht sammelt, muss in der schlechten darben (Not leiden).

Seite 15 **2.** Grille: fröhlich, faul, leichtsinnig, dumm

Ameise: fleißig, gerecht, klug

Seite 15 **3.** Am besten passt das Sprichwort „Spare in der Zeit, dann hast du in der Not" als Lehre zu der Fabel.

Seite 15 **4.** **Mögliche Lösung:**
Kosta zählte einst sein Geld, das er vom Geburtstag gespart hatte. Sein kleiner Bruder Jannis, der erst vor zwei Tagen Taschengeld bekommen hatte, kam hinzu und bat ihn um Kinogeld. Kosta sagte: „Du hättest dir vorgestern etwas Taschengeld aufheben müssen, dann müsstest du jetzt nicht bei mir betteln."
Jannis aber antwortete: „Da war ich mit Alex auf der Kirmes. Er hatte schon sein ganzes Taschengeld für einen Monat für Karussells ausgegeben, deshalb habe ich alles für uns bezahlt." Da spottete Kosta: „Dann frag doch Alex, ob er dir nicht das Geld für das Kino gibt." Die Lehre dieser Fabel lautet: Wer in guten Zeiten nicht spart, muss in schlechten Zeiten verzichten.

Seite 16 **1.** **Der Löwe** steht für die mächtigen und großen Menschen.
Die Maus kennzeichnet die kleinen und scheinbar unbedeutenden Menschen.

Seite 16 **2.** Lösung: Der Starke kann manchmal schwach und der Schwache kann manchmal stark sein.

Seite 16 **3.** **Mögliche Lösung:**
Ein Lastwagenfahrer trifft auf der Straße einen Fahrradfahrer mit einer Panne. Der Fahrradfahrer winkt. Der Lastwagenfahrer hält schließlich an und hilft dem Fahrradfahrer. Dieser bedankt sich. Nach etlichen Kilometern steht der Lastwagenfahrer an der Straßenseite und kann nicht mehr weiter. Der Radfahrer nähert sich dem Lastwagen und steigt ab. „Darf ich mal sehen?", fragt er den Lastwagenfahrer. Er klappt die Kühlerhaube auf und lässt sich einen Schraubenzieher geben. Nach ein paar Minuten fordert er den Lastwagenfahrer auf, den Motor zu starten. Dieser springt sofort an. „Ich bin nämlich von Beruf Automechaniker", meint der Radfahrer, schwingt sich auf sein Fahrrad und fährt weiter.

„In uralten Zeiten ..." – Sagen

Seite 18 **1.**

a) Die Frau in Danzig hat zwei Kinder und ist so arm, dass sie betteln muss, um etwas zu essen zu bekommen. Sie bittet einen Mönch um ein Stück Brot und sieht, dass der Mönch ein Brot unter seiner Kleidung versteckt hält.
b) Der Mönch lügt die Frau an. Er behauptet, dass Brot sei ein Stein, den er als Waffe brauche, um sich gegen herumstreunende Hunde zu wehren.
c) Das Brot verwandelt sich zur Strafe für die Kaltherzigkeit und den Geiz des Mönches in einen Stein.

Seite 18 **2.**

Sagenmerkmale	**Sage: „Das Brot ist zu Stein geworden"**
Ort	Stadt Danzig
Geschichtliches Ereignis	Notzeit, Hungersnot, Armut
Historische Personen	Mönch/arme Frau mit ihren Kindern (= hungerndes und armes Volk)
Menschliche Eigenschaften, die kritisiert werden	Mitleidlosigkeit, Hartherzigkeit, Habgier, Egoismus ...
Belohnung oder Bestrafung am Ende	Strafe für den Mönch: Verwandlung des Brotes in Stein
Bezug zur Gegenwart am Schluss	Stein in der Klosterkirche von Olivia in Polen

Seite 19 **1.**

a) Der Leser erfährt über Vineta, dass die Stadt untergegangen ist und hin und wieder aus der Ostsee aufsteigt. Vineta ist größer, schöner und reicher gewesen als alle anderen Städte Europas.
b) Je reicher die Bewohner Vinetas geworden sind, desto verschwenderischer und hochmütiger wurden sie. Sie haben z. B. Schweine aus goldenen Töpfen essen lassen oder Löcher in den Hauswänden mit Brot oder Semmeln verstopft.
c) Drei Monate, drei Wochen und drei Tage vor dem Untergang der Stadt ist sie als Luftgebilde über dem Meer erschienen.
d) Die Alten haben den anderen Bewohnern geraten, die Stadt zu verlassen. Sie haben gesagt, dass es ein Zeichen für den bevorstehenden sicheren Untergang sei, wenn man Städte, Schiffe oder Menschen doppelt sehe.
e) Die anderen Einwohner haben sich nichts aus den Warnungen der Alten gemacht, sondern haben sie nur ausgelacht.

Seite 19 **2.** Der Schluss passt dann zu der Sage, wenn die Einwohner Vinetas für ihre Verschwendung und ihren Hochmut mit dem Untergang bestraft werden. Der Originalschluss der Sage lautet so:

... Sie rief drei Mal mit hoher, schauerlicher Stimme, dass es laut in den Straßen widerhallte: „Vineta, Vineta, du reiche Stadt, Vineta soll untergehen, weil sie haben viel Böses getan."
Auch darum kümmerte sich keiner, alle lebten weiter in Saus und Braus, bis sie das Strafgericht ereilte. In einer stürmischen Novembernacht brach eine furchtbare Sturmflut über die Stadt herein, im Nu durcheilte der riesige Wogenschwall die Straßen und Gassen. Das Wasser stieg und stieg, bis es alle Häuser und Menschen unter sich begraben hatte.

Ungewöhnliche Menschen – mit Sachtexten umgehen

Seite 21 **1.**
Abschnitt 1: Der Origami-Künstler Robert Lang
Abschnitt 2: Regeln des Origami
Abschnitt 3: Wie Lang Origami lernte
Abschnitt 4: Wissenschaft und Origami
Abschnitt 5: Origami mit dem Computer

Seite 22 **2.**

Aussagen zum Text	richtig
Robert Lang ist Origami-Künstler. Er kann damit aber kein Geld verdienen.	
Origami ist eine alte japanische Papierfaltkunst, mit der man z. B. Tiere aus einem Blatt Papier ohne Schere und Klebstoff nachbaut.	x
Das erste Origami-Modell von Robert Lang war ein Herkuleskäfer.	
Robert Lang hat ein Faltmuster entwickelt, mit dem man eine Teleskoplinse von 100 Metern Durchmesser wie einen Regenschirm zusammenfalten kann.	x
Mithilfe eines Computerprogramms hat Robert Lang einen Sportschuh entwickelt, der sich schrittweise zusammenklappen lässt.	

Seite 22 **3.**

a) Robert Lang ist Origami-Künstler und Faltexperte von Beruf.
b) Origami ist eine japanische Papierfaltkunst, bei der man ohne Hilfsmittel aus einem Blatt Papier z. B. Gegenstände, Tiere oder Skulpturen herstellt.
c) Origami lässt sich wissenschaftlich anwenden, wenn eine Fläche in einen kleineren Zustand gebracht werden soll (z. B. bei Stadtplänen, Landkarten, Auto-Airbags oder Weltraumteleskoplinsen).
d) Robert Lang hat für die NASA ein Faltmuster entwickelt, mit dessen Hilfe man eine Teleskoplinse mit einem Durchmesser von 100 Metern auf einen Durchmesser von 4 Metern zusammenfalten kann. Die NASA brauchte dieses Faltmuster, damit die Weltraumteleskoplinse in die Rakete passt.
e) Als Erstes fertigt Robert Lang eine Strichzeichnung des Insekts an. Mithilfe dieser Strichzeichnung berechnet das Computerprogramm „Tree Maker" das Faltmuster. Nach diesem Muster faltet Lang dann die Insektenfiguren.
f) Robert Lang hat mithilfe seines Computerprogramms Faltmuster für Auto-Airbags entwickelt und einen Geldbeutel, der sich in eine Rettungsdecke auffalten lässt, erfunden.

Seite 26 **1.**

Abschnitt 1: Leseinteressen in der Kindheit
Abschnitt 2: Weg zum professionellen Vorlesen
Abschnitt 3: Gutes Vorlesen
Abschnitt 4: Tipps gegen die Aufregung
Abschnitt 5: Umgang mit Versprechern

Seite 26 **2./3.**

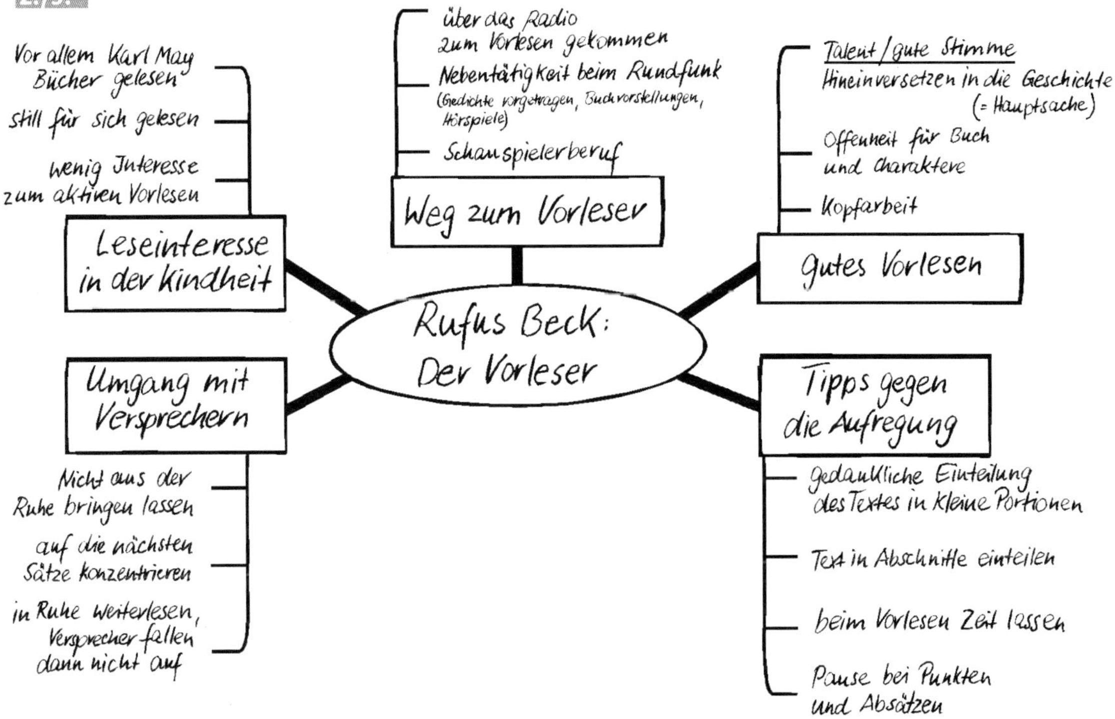

Seite 27 **1.**

Erich Kästner (23.02.1899–29.07.1974)

Erich Kästner wurde 1899 in Dresden geboren. Er stammt aus einfachen Verhältnissen. Sein Vater war Sattlermeister und arbeitete in einer Kofferfabrik. Seine Mutter war Friseurin. In Dresden besuchte Kästner zuerst die Volksschule und danach des Lehrerseminar. Er hatte sich schon als Kind dafür entschieden, Lehrer zu werden. Allerdings stellte er dann fest, dass dieser Beruf nichts für ihn war. So legte er nach dem Ersten Weltkrieg (1914–1918) sein Abitur ab und studierte an der Universität in Leipzig Germanistik. 1925 schloss Kästner sein Studium mit einem Doktortitel ab.

Kindheit, Schule u. Studium
- 1899: geb. in Dresden
- Vater: Sattlermeister/
- Mutter: Friseurin
- Volksschule in Dresden
- Berufswunsch: Lehrer → falscher Beruf
- 1918: Abitur, Germanistikstudium in Leipzig
- 1925: Doktortitel

Zwei Jahre später ging er nach Berlin. Dort verdiente er sich seinen Lebensunterhalt als freier Journalist und Schriftsteller. Berlin wurde Kästners zweite Heimat. Er liebte diese Stadt und auch sein erster Kinderroman *Emil und die Detektive* spielt in Berlin. *Emil und die Detektive* wurde gleich bei seinem Erscheinen 1929 ein großer Erfolg. Der Roman wurde mehrfach verfilmt. Bis heute hat er sich fast 2 Millionen Mal verkauft.
Das Buch ist eines der ersten Kinderbücher, die das Leben von Kindern in einer Großstadt realistisch schildern.

Berliner Zeit: Erfolge mit „Emil und die Detektive"
- 1927: geht nach Berlin
- arbeitet als freier Journalist u. Schriftsteller
- 1929: „Emil und die Detektive"
- mehrfach verfilmt
- bis heute: 2 Millionen Mal verkauft

Danach veröffentlichte Kästner rasch mehrere Kinderbücher (*Das fliegende Klassenzimmer, Der 35. Mai* und *Pünktchen und Anton*). Gleichzeitig schrieb er auch Romane (z. B. *Fabian*) und Gedichte (z. B. *Gesang zwischen den Stühlen*) für Erwachsene, die in den 30er-Jahren ebenfalls viel gelesen wurden.	weitere Kinderbücher, Romane, Gedichte – veröffentlicht Kinderbücher – schreibt Romane u. Gedichte für Erwachsene
Erich Kästner hat sich oft für Demokratie und Frieden eingesetzt. Dies missfiel Hitler und seiner Partei, die 1933 in Deutschland an die Macht kam. Die Bücher Erich Kästners wurden verbrannt und Kästner erhielt ein Schreibverbot.	Schreibverbot – Einsatz für Demokratie u. Frieden – gegen Hitler: Bücherverbrennung u. Schreibverbot
Nach dem Ende des Zweiten Weltkrieges (1939–1945) ging Kästner nach München. Dort leitete er eine Tageszeitung und gründete die Kinderzeitschrift *Pinguin*. In den folgenden Jahren schrieb er noch zwei Kinderbücher, die bis heute bekannt sind: *Das doppelte Lottchen* und *Die Konferenz der Tiere*. Für die Bücher erhielt er am Ende seines Lebens zahlreiche Preise und wurde von vielen Menschen verehrt.	nach 1945: München – leitet Tageszeitung – gründet Kinderzeitung – zwei weitere Kinderbücher: *Das doppelte Lottchen* u. *Die Konferenz der Tiere*
Infolge einer schweren Krankheit zog sich Erich Kästner in den letzten Jahren vor seinem Tod immer mehr zurück. Er starb 1974 in München.	Ende seines Lebens – erhält Preise – von vielen Menschen verehrt – 1974: Tod nach Krankheit in München

Seite 28 **2.** Die Überarbeitung sollte sauber geschrieben sein; es darf nicht über den Rand geschrieben werden. Eine Überschrift sollte ergänzt werden und die Absätze im Text deutlich sein. Inhaltlich könnte eine Lösung so aussehen (die fett gedruckten Stellen markieren die Fehler):

Erich Kästner – Stationen seines Lebens

Erich Kästner wurde 1899 in **Dresden** geboren. Seine Familie lebte **in einfachen Verhältnissen**. Kästners Mutter war Friseurin. Der Vater war **Sattlermeister in einer Kofferfabrik**.
Schon als Kind wollte Kästner Lehrer werden. **Aber er merkte schnell, dass dieser Beruf nichts für ihn war.** So machte er das Abitur, studierte in Leipzig Germanistik und **schloss das Studium 1925 mit einem Doktortitel ab.**
Kästner zog 1927 nach Berlin und arbeitete dort als Journalist und Schriftsteller. 1929 erschien sein erster Kinderroman **„Emil und die Detektive“**. Der Roman wurde ein Riesenerfolg. Über **2 Millionen Mal verkaufte** er sich bis heute. In rascher Reihenfolge verfasste Kästner danach seine anderen bekannten Kinderbücher wie „Das fliegende Klassenzimmer“, **„Der 35. Mai“ und „Pünktchen und Anton“**.
Die Zeit der Herrschaft Hitlers und des Zweiten Weltkrieges verbrachte Kästner **in** Berlin. **Da er sich oft für Demokratie und Frieden einsetzte, wurden die Bücher Kästners verboten und verbrannt. Kästner erhielt auch ein Schreibverbot.**
Nach dem Zweiten Weltkrieg ging Kästner 1949 nach München. **Dort leitete er eine Tageszeitung, gründete die Kinderzeitschrift „Pinguin“ und schrieb die Kinderbücher „Das doppelte Lottchen“ und „Die Konferenz der Tiere“. Er erhielt auch viele Preise für**

seine Bücher und wurde von vielen Menschen bewundert.
Die letzten Jahre vor seinem Tod lebte er zurückgezogen, bis er 1974 nach schwerer Krankheit starb.

Die Jacke ist ... Du brauchst ... – beschreiben

Seite 30 1.

Hallo Leute, ich habe meine Lieblingsjacke verloren!
Die **schwarz-weiß karierte** Mädchenjacke hat die Größe 176.
Die **gestrickten** Bündchen sind schwarz.
Ein **sehr breites** Bündchen befindet sich als **wärmender** Stehkragen am Halsabschluss.
Die **hüftlange** und **blousonartige** Jacke wird mit einem **durchgehenden schwarzen** Reißverschluss auf der Vorderseite verschlossen.
An den Schultern sieht man auffällige **halbrunde** Schulterklappen, die durch je einen **runden** Knopf befestigt sind.
Die **schräg angesetzten** seitlichen Taschen sind mit **rosafarbenem** Garn umnäht.
Wenn jemand von euch die Jacke findet, melde er sich bitte bei mir. Danke,
eure Gina aus der 6a

Seite 31 2.

Verstellrädchen = (4)/Datumsanzeige = (7)/Armband = (2)/Zifferblatt = (5)/
Schnalle = (1)/Gehäuse = (3)/Zeiger = (6)

Seite 31 3.

1. Schnalle: hellblau, rechteckig mit einem Dorn
2. Armband: aus bunt bedrucktem Kunststoff, das Muster besteht aus Fischen und Luftblasen; die Lochreihe zum Einstecken des Dorns weist vier Löcher auf
3. Gehäuse: rund, silberfarben, mit roten Punkten an den Positionen 3, 6, 9 und 12 Uhr; die übrigen ganzen Stunden sind ebenfalls mit einem Punkt markiert
4. Verstellrädchen: silberfarben, geriffelt
5. Zifferblatt: silberfarben, rund, die Positionen 6, 9 und 12 Uhr sind mit dicken Markierungen versehen, die übrigen ganzen Stunden sind durch dünnere Markierungsstriche angezeigt
6. Zeiger: in Form von Pfeilen, orangefarben
7. Datumsanzeige: auf Position 3 Uhr in rechteckigem., weißem Feld mit schwarzer Ziffer

Seite 31 4.

Gegenstandsbeschreibung – Armbanduhr
Die Kinder- oder Jugendarmbanduhr besitzt eine silberfarbene, rechteckige Schnalle mit einem Dorn. Auffällig ist das Armband. Es besteht aus bunt bedrucktem Kunststoff. Das abgebildete Muster zeigt bunte lustige Fische mit Luftblasen. Eine Seite des Armbandes hat eine Lochreihe mit vier Löchern zum Einstecken des Dorns. Das Gehäuse ist rund und silberfarben. An den Positionen 6, 9 und 12 Uhr hat es außen rote Punkte. Die übrigen Stunden sind ebenfalls mit einem Punkt markiert. Das Verstellrädchen ist silberfarben und geriffelt. Bei dem runden und silberfarbenen Zifferblatt sind die Positionen 6, 9 und 12 Uhr mit dicken roten Markierungen versehen. Die übrigen Stunden werden durch dünnere hellrote Markierungsstriche angezeigt. Die Zeiger besitzen die Form von Pfeilen und sind orangefarben. Auf Position 3 Uhr befindet sich die Datumsanzeige in einem rechteckigen weißen Feld mit schwarzer Ziffer.

Seite 32 1.

Die richtige Reihenfolge lautet: 4, 6, 3, 2, 1, 5.

Seite 33 2.

Zutaten: 3 reife Orangen und Zitronen/etwas Wasser/2 Esslöffel Puderzucker
Geräte: Gefäß für den Saft/Rührlöffel/Eiswürfelbehälter/Holzspieße/Schüssel für heißes Wasser

Seite 33 **3.** **Dies ist ein möglicher Beginn:**

Lieber Justus,
gestern habe ich ein köstliches Eisrezept ausprobiert. Das stellt jede Eisdiele in den Schatten. Am besten besorgst du dir zuerst die Zutaten. Das sind:
3 reife Apfelsinen und Zitronen, 2 Esslöffel Puderzucker und etwas Wasser.
Als Geräte benötigst du:
ein Gefäß (am besten ein Litermaß), einen Rührlöffel, Holzspieße und eine Schüssel (in die später heißes Wasser gegeben wird). Einen Kühlschrank mit einem Eisfach habt ihr ja wohl.
Und so wird das Eis gemacht: Zuerst presst du die Apfelsinen und Orangen aus und füllst den Saft in das Litermaß. Anschließend schüttest du so viel Wasser hinzu, dass Saft und Wasser insgesamt 1/4 Liter Flüssigkeit ergeben ...

Seite 33 **4.** **Eine mögliche Lösung:**

4. Die Toastscheiben auf ein Backblech legen.
5. Die Thunfischdose öffnen und den Thunfisch zum Abtropfen in ein Sieb geben.
6. Die Tomaten waschen, den Stielansatz herausschneiden.
7. Die Tomaten in gleich dicke Scheiben schneiden.
8. Den Thunfisch und die Tomaten auf die Toastscheiben legen.
9. Das Ganze mit den Käsescheiben bedecken.
10. Das Blech in den Ofen schieben – auf die mittlere Schiene. So lange backen, bis der Käse geschmolzen ist. Das dauert etwa 4–5 Minuten.
11. Die Tomate und die Petersilie waschen und abtrocknen.
12. Mit Petersilienblättchen und der in Achtel geschnittenen Tomate den Toast garnieren.

Was? Wer? Wo? ... – Von einem Ereignis berichten

Seite 36 **1.**

Was? – Drei Eichhörnchen von einem Pudel gerettet
Wer? – Pixie, eine Pudelhündin
Wo? – Im US-Bundesstaat North Carolina
Wann? – Im Frühjahr
Wie und warum? – Baum, auf dem Eichhörnchen gelebt hatten, wurde gefällt; Pudelhündin als Ersatzmutter, hatte selbst vor Kurzem Welpen gehabt, Hündin hatte noch Milch, Eichhörnchen nahmen keine Dosenmilch
Welche Folgen? – Eichhörnchen überlebten, konnten entwöhnt und ausgewildert werden

Seite 37 **2.**

war, bot, sagte, hatte, hatte, waren, hatte, nahm, konnten

Seite 37 **3.**

Erster Absatz: kurze Beantwortung der wichtigsten W-Fragen
Zweiter Absatz: Bericht über den genauen Hergang des Geschehens
Dritter Absatz: Folgen des Geschehens

Seite 37 **4.**

Was? – Brand im Spänebunker eines Spanplattenwerkes
Wer? – Fräser/Arbeiter/acht Feuerwehren
Wo? – Spanplattenwerk in Rheda-Wiedenbrück
Wann? – gestern gegen Abend
Wie und warum? – Entzündung von Holzspänen infolge einer heiß gelaufenen Antriebswelle/technischer Defekt
Welche Folgen? – Rauchvergiftung des Arbeiters bei Löschversuch/500.000 Euro Schaden/kein Austritt von bedenklichen Schadstoffen

Seite 37 5.

Dies ist ein möglicher Bericht:
Es war kurz vor Feierabend, ca.16.30 Uhr. Ich befand mich zu diesem Zeitpunkt gerade im Spänebunker, als ich starken Rauch feststellte und sah, dass sich Späne entzündet hatten. Möglicherweise war eine Antriebswelle heiß gelaufen. Zunächst versuchte ich, auf eigene Faust das Feuer mit einer feuchten Decke zu löschen. Das gelang mir jedoch nicht. Da habe ich mit dem Handy die Feuerwehr gerufen. Bei dem Versuch, das Feuer zu löschen, habe ich mir eine Rauchvergiftung zugezogen und bin ins Krankenhaus gebracht worden, wo ich mich schnell wieder erholte.

Seite 38 1.

a) da/weil, b) da/weil, c) Wenn, d) aber

Seite 39 2.

a) Herr Schrader fährt mit der 6b ins Eisstadion, weil die Klasse sich dies gewünscht hat.
b) Natalie und Özlem sind sehr aufgeregt, obwohl sie oft ins Eisstadion gehen.
c) Die Stimmung ist gut, während die Schüler im Eisstadion sind.
d) Herr Schrader erklärt die Regeln für das Eisstadion, bevor die Schüler aufs Eis dürfen.
e) Alle Schüler sind sehr vorsichtig, damit niemand einen Unfallbericht schreiben muss.
f) Die Klasse ist fröhlich, da alle viel Spaß hatten.
g) Die Jungen und Mädchen fahren zurück zur Schule, nachdem alle ihre geliehenen Schlittschuhe zurückgegeben haben.

Seite 39 3.

a) Herr Schrader geht mit der 6b zum Eislaufen, aber die Klasse geht nicht zum Schlittenfahren.
b) Herr Schrader ist unsicher beim Schlittschuhfahren, trotzdem geht er mit seiner Klasse ins Eisstadion.
c) Auch Herr Schrader muss sich Schlittschuhe leihen, denn er besitzt keine eigenen.
d) Herr Schrader steht erst noch unsicher auf dem Eis, doch später läuft er ganz sicher.
e) Der Ausflug verläuft ohne Zwischenfälle, deshalb ist Herr Schrader erleichtert.

Seite 39 4.

Eine mögliche Lösung:
Am 27. Januar 2010 machte die Klasse 6b einen Wandertag zum Eisstadion. Da niemand krank war, nahmen alle Schülerinnen und Schüler der Klasse teil.
Die Klasse traf sich um 8 Uhr vor der Schule und alle gingen zur Bushaltestelle. Der Klassenlehrer, Herr Schrader, kaufte eine Gruppenfahrkarte für die Klasse, bevor die Schüler einstiegen. Während alle mit dem Bus zum Eisstadion fuhren, waren die Schüler sehr aufgeregt. Im Eisstadion erklärte Herr Schrader die Regeln, denn es sollte keinen Unfall geben. Auf dem Eis hatte die Klasse viel Spaß, weil Natalie und Özlem Kunststücke zeigten. Mika und Onur halfen Marvin, damit er nicht hinfiel.
Die 6b kam mittags wieder in der Schule an und die Schüler gingen nach Hause. Dort erzählten sie von ihren Erlebnissen.

Seite 40 1.

Familie Müller ist im Sommer **(Zeit)** der Hund entlaufen. Die Müllers machten Urlaub im Harz **(Ort)**. Während eines Spaziergangs **(Zeit)** sah Krümel, der Hund, einen Hasen und lief plötzlich **(Art und Weise)** los. Frau Müller rief laut **(Art und Weise)** hinter dem Hund her, weil dieser davonlief **(Grund)**. Sie pfiff sogar mit der Hundepfeife **(Mittel)**, doch Krümel kehrte nicht um.

Seite 40 2.

Eine mögliche Lösung:
- Ein Wanderer fand gestern im Wald den Hund der Familie Müller.
- Er brachte ihn zum Tierheim im Nachbarort.
- Das Tierheim fand wegen der Hundemarke schnell heraus, wer der Besitzer des Hundes ist.
- Die Leiterin des Tierheims rief sofort Familie Müller an.

- Die Müllers fuhren schnell zum Tierheim.
- Krümel bellte laut vor Freude, als er seine Familie sah.

Seite 41 **1.** **Eine mögliche Lösung:**
Am 22. Januar 2010 kam es beim Wandertag der Klasse 6a nach Winterberg zu einem Unfall beim Schlittenfahren, bei dem der Schüler Michael S. verletzt wurde.
Michael und seine Mitschülerinnen und Mitschüler fuhren am Schlossberg mit einem Schlitten den Hang hinunter. Als Michael mit seinem Schlitten mit hoher Geschwindigkeit durch ein tiefes Loch in der vereisten Piste fuhr, hob sein Schlitten vom Boden ab. Der Schüler landete auf dem Rücken und sein Klassenlehrer rief einen Krankenwagen. Nachdem dieser eingetroffen war, untersuchten die Sanitäter Michael vor Ort und transportierten ihn anschließend ins Krankenhaus.
Michael konnte bald wieder aus dem Krankenhaus entlassen werden, da er nur einige Prellungen und keine Knochenbrüche hatte. Allerdings war sein Schlitten schwer beschädigt.

Seite 41 **2.** **Eine mögliche Lösung:**
Am 18. Oktober 2010 kam es im Schulgebäude zu einem Pausenunfall, bei dem die Schülerin Eva K. und der Schüler Burak C. verletzt wurden.
In der kleinen Pause nach der ersten Stunde tobten Eva und Burak auf dem Flur vor dem Kunstraum im ersten Stock. Weil sie sich um Tanjas Mütze stritten, kam es zu einer Verfolgungsjagd auf dem Flur. Dabei prallten Eva und Burak mit den Köpfen zusammen und mussten von ihrer Lehrerin mit Kühlpacks versorgt werden, da sie über Kopfschmerzen klagten.
Beide Schüler hatten anschließend eine Beule am Kopf, litten jedoch unter keinen weiteren körperlichen Folgen. So war eine Fortsetzung des Unterrichts nach der Versorgung der Verletzten möglich.

Seite 42 **3.** **Eine mögliche Lösung:**
Das diesjährige Leichtathletik-Sportfest
Am 16.7. fand das diesjährige Leichtathletik-Sportfest auf dem Sportgelände unserer Schule statt. Organisiert wurde es von den Sportlehrerinnen und Sportlehrern, die bereits sechs Wochen vorher damit begonnen hatten.
Teilgenommen haben alle Schülerinnen und Schüler der Unter- und Mittelstufe, also insgesamt etwa 800. Einige ältere Schüler waren als Helfer eingeteilt, die anderen hatten Unterricht.
Das Sportfest wurde um 8:00 Uhr mit einer kurzen Rede unseres Schulleiters eröffnet. Dann begannen die Wettkämpfe in den unterschiedlichen Disziplinen. Besonders herausragende Leistungen erzielten Juliane Bach aus der 6c und Markus Kirchhoff aus der 9a, die beide über 1 500 Punkte erreichten, eine tolle Leistung. Dieses Ergebnis war das letzte Mal vor vier Jahren erzielt worden.
Die Wettkämpfe endeten gegen 13:00 Uhr. Danach fand noch ein Fußballspiel der Lehrer gegen Schüler statt, das die Schülermannschaft (natürlich) mit 2:1 gewann.
Ob es im nächsten Jahr noch einmal so ein Sportfest gibt, ist noch nicht entschieden. Die Organisatoren überlegen, eventuell nur Wettkämpfe in den Ballspielen auszutragen.

Spannende und unglaubliche Geschichten – erzählen

Seite 43 **1.** Die richtige Reihenfolge der Bilder ist: 1, 6, 3, 4, 2, 5.

Seite 43 **2.** Unter der Spannungskurve:
1. Einleitung

2. Spannungssteigerung
3. Höhepunkt
4. Schluss

Seite 43 **3.** Über der Spannungskurve (mögliche Lösung):
1. Der Junge winkt seinem Vater vom Segelboot aus zu.
2. Er fällt aus dem Boot.
3. Das Boot mit dem Hund treibt von dem um Hilfe schreienden Jungen weg.
4. Der Hund springt aus dem Boot, um den ertrinkenden Jungen zu retten.
5. Der Junge hält sich an dem Hund fest, der ihn zum Ufer bringt.
6. Der Vater und der Junge streicheln und loben den Hund. Alle drei sitzen auf dem Steg.

Seite 45 **1.** Erzählanfang 1: Er-Erzählung/Sicht des Vaters
Erzählanfang 2: Ich-Erzählung/Sicht des Jungen
Erzählanfang 3: Er-Erzählung/Sicht des Vaters und des Jungen

Seite 46 **2.** Die Textausschnitte müssen so zugeordnet werden: A =1/B = 2/C = 1/D = 3/E = 2.

Unterwasserwelten – Wortarten kennen

Seite 47 **1.**

Mensch, der sich unter Wasser bewegen kann:	**T** AUCHER
Personalpronomen, 1. Person Singular:	**I** CH
nicht falsch, sondern ...	**E** CHT
nicht flach, sondern ...	TIE **F**
Tätigkeit, um sich über Wasser zu halten:	**S** CHWIMMEN
bestimmter Artikel (weibl.):	DI **E**
Personalpronomen, 3. Person Singular (männl.):	**E** R
Eigenschaft des Wassers:	N **A** SS
Wassertier mit vielen Tentakeln:	**Q** UALLE
ihre Schale liegt oft am Strand:	M **U** SCHEL
Tätigkeit, um Fische zu fangen:	**A** NGELN
bestimmter Artikel (männl.):	DE **R**
Possessivpronomen, 3. P. Sing. u. 3. P. Pl.:	**I** HR
Personalpronomen, 2. Person Singular:	D **U**
Possessivpronomen, 1. Person Singular:	**M** EIN

Seite 48 **2.** Nomen/Substantive: Taucher, Qualle, Muschel
Adjektive: echt, tief, nass
Verben: schwimmen, angeln
Artikel: die, der
Personalpronomen: ich, er, du
Possessivpronomen: ihr, mein

Seite 48 **3.**
1. Jan besitzt ein kleines Aquarium. (Nomen/Subst., Verb, Artikel, Adjektiv, Nomen/Subst.)
2. Er versorgt seine hungrigen Fische. (Personalpronomen, Verb, Prossessivpronomen, Adjektiv, Nomen/Subst.)
3. Sie erhalten gesundes Futter. (Personalpronomen, Verb, Adjektiv, Nomen/Subst.)
4. Wasserpflanzen erzeugen eine gute Wasserqualität. (Nomen/Subst., Verb, Artikel, Adjektiv, Nomen/Subst.)
5. Den Boden des Glasgefäßes bedecken kleine Kieselsteine. (Artikel, Nomen/Subst., Artikel, Nomen/Subst., Verb, Adjektiv, Nomen/Subst.)
6. Sie bilden Hohlräume. (Personalpronomen, Verb, Nomen/Subst.)

7. Ihre Höhlen sind gute Fischverstecke. (Possessivpronomen, Nomen/Subst., Verb, Adjektiv, Nomen/Subst.)

Seite 48 **4.**

Eine mögliche Lösung:

1. Wortart (Farbe 1): Nomen/Subst.
2. Wortart (Farbe 2): Artikel
3. Wortart (Farbe 3): Verb
4. Wortart (Farbe 4): Adjektiv
5. Wortart (Farbe 5): Personalpronomen
6. Wortart (Farbe 6): Possessivpronomen

Seite 49 **1.**

Jan besucht mit **seiner** *(Possessivpronomen)* kleinen Schwester Laura in den Ferien ein Tiefseeaquarium. Nachdem **sie** *(Personalpronomen)* **ihr** *(Possessivpronomen)* Eintrittsgeld bezahlt haben, betreten **sie** *(Personalpronomen)* eine geheimnisvolle Welt. Nur das riesige Aquarium ist beleuchtet und erhellt mit **seinem** *(Possessivpronomen)* Licht den ansonsten dunklen Raum. Die beiden Kinder sehen eine fantastische Unterwasserlandschaft mit Felsen, Wasserpflanzen und natürlich zahllosen Wasserbewohnern. „Komm, **wir** *(Personalpronomen)* gehen einmal in den Tunnel. **Du** *(Personalpronomen)* brauchst keine Angst zu haben, **ich** *(Personalpronomen)* bin ja bei **dir** *(Personalpronomen)*", flüstert Jan und zieht Laura in den Tunnel, der direkt durch das Aquarium führt. **„Ihr** *(Personalpronomen)* habt Glück", sagt plötzlich die Stimme eines Aufsehers, „heute lässt sich der seltene Riemenfisch einmal sehen. **Er** *(Personalpronomen)* ist direkt über **euch** *(Personalpronomen)*."

Seite 50 **2.**

Hallo Dario,
dein (Poss.) Ausflugstipp zum Meerwasseraquarium war echt super. Meine (Poss.) Schwester Laura und ich (Pers.) haben heute den ganzen Nachmittag dort zugebracht. Wusstest du (Pers.) eigentlich, dass sie (Pers.) dort auch einige Tiefseefische haben? Es (Pers.) ist ja extrem schwierig, solche (Dem.) Fische in Aquarien zu halten. Sie (Pers.) leben nämlich in großen Tiefen und völliger Dunkelheit. Ich (Pers.) bringe Fotos mit, dann kannst du (Pers.) mal sehen, wie ungewöhnlich diese (Dem.) Fische aussehen. Wir (Pers.) konnten übrigens auch einen echten Kraken bewundern. Er (Pers.) ist aber nicht so begabt, wie jener (Dem.) Artgenosse, der Fußballergebnisse voraussagen kann. Morgen haben Mama und Laura ihren (Poss.) Einkaufstag! Am liebsten würde ich (Pers.) dann wieder ins Aquarium fliehen.
Grüße deine (Poss.) Familie, bis bald!
Jan

Seite 51 **1.**

a) Was macht das U-Boot? Das U-Boot fährt **durch** das Wasser.
b) Wo versteckt sich der Krake? Der Krake versteckt sich **hinter** Pflanzen und Steinen.
c) Wo krabbelt der kleine Krebs? Der kleine Krebs krabbelt **auf** dem Meeresboden.
d) Wo befindet sich die Menschenstadt? Die Menschenstadt befindet sich **unter** einer Glasglocke.
e) Was macht der Einsiedlerkrebs? Der Einsiedlerkrebs schaut **aus** einer Muschel heraus.
f) Wohin schwimmt der gelbe Fisch? Der gelbe Fisch schwimmt **zum** Hai.
g) Wo befinden sich schwarz-gelbe Aufkleber? Der schwarz-gelbe Aufkleber befindet sich **an** einer Tonne.
h) Wo befindet sich das Bootswrack? Das Bootswrack steckt **im** Sand.

Seite 52 **2.**

Mögliche Fragen und Antworten:

- Wo steckt die Vase? Sie steckt **im** Meeresboden.
- Wie verhalten sich die Luftblasen? Sie steigen **an** die Wasseroberfläche.
- Wo steckt der große Fisch mit den spitzen Zähnen? Er steckt **in** einer Höhle.
- Wo liegt die große, gestreifte Muschel? Sie liegt **auf** dem Meeresboden.
- Wo befindet sich die Wasserpflanze rechts neben dem gelben Fisch? Sie befindet sich **zwischen** zwei Felsen.

Seite 52 **3.** **Im großen Barriere-Riff**

Vor der Küste Australiens liegt das größte Korallenriff der Welt – das große Barriere-Riff (Great Barrier Reef). Es wird zu den sieben Weltwundern der Natur gerechnet. Und die UNESCO hat es **zum** Weltnaturerbe erklärt.

Im Korallenriff leben zahlreiche seltene Tiere. Einige Wasserschildkrötenarten sind sogar **vom** Aussterben bedroht. Sie nutzen das Riff **zum** Ablegen ihrer Eier. **Im** Riff leben auch Buckelwale. Das warme Wasser ist ideal für sie **zum** Gebären ihrer Jungen. **Vom** Riff haben auch seltene Schnecken und Muscheln einen Vorteil. **Am** Ökosystem Korallenriff kann jede Veränderung große Schäden verursachen. **Beim** Tauchen oder Schwimmen im Riff sollte man deshalb besonders vorsichtig sein. **Zur** Freude der Touristen gibt es Glasbodenboote **zur** Erkundung der Unterwasserwelt.

Seite 52 **4./5./6.**

- Über der Schildkröte am rechten oberen Bildrand schwimmen nur zwei Fische.
- In der Muschel liegt eine schwarze Perle.
- Rechts neben der Muschel liegt ein andersfarbiger Kieselstein.
- Am Bauch der Schildkröte sind die unteren Panzerplatten rosa.
- Die Pupille im linken Auge des Fisches am linken unteren Bildrand fehlt.
- Der kleine Fisch rechts über der Muschel hat nur eine Flosse.
- An der Armbanduhr des Tauchers fehlen die Zeiger.
- Am hinteren Riemen der Sauerstoffflasche ist eine rote Schnalle.
- Die Linien am Hinterkopf des Seepferdchens fehlen.
- Die Uhr am Handgelenk des Tauchers hat ein blaues Armband.

Seite 53 **1./2.**

1. Das Glasbodenboot fährt **oft** Touristen zum Großen Barriere-Riff.	nie, oft, neulich	**Adverb der Zeit**
2. Sehen die Menschen durch die Fenster **hinaus**, können sie die wunderbare Unterwasserwelt bestaunen.	hinaus, dahin, hinunter	**Adverb des Ortes**
3. **Jetzt** sehen sie Schwärme von bunten Fischen in den Korallen.	jetzt, nie, gestern	**Adverb der Zeit**
4. Wenn sie Glück haben, kommen die Fische **sehr** nahe an das Boot heran.	anders, sehr, ebenfalls	**Adverb der Art und Weise**
5. **Dann** machen viele Touristen fantastische Fotos.	bald, neulich, dann	**Adverb der Zeit**
6. Die können sie **daheim** den Freunden zeigen.	daheim, da, hier	**Adverb des Ortes**

Teste dich selbst! – Wortarten kennen

Seite 54 **1.**

Nomen/Substantive:	Jugendliche, Korallenriff, Tauchen, Hobby, Entdeckung, Unterwasserwelt, Buckelwal, Nahrung, Krebse, Krill, Seeschlangen, Höhlen, Meeresbewohner (Stachelrochen)
Artikel:	das, das, die, der, ein, die (Seekuh)
Verben:	besuchen, lernen, ermöglicht, sucht, frisst, finden, sind (Koralle)
Adjektive:	ältere, einzigartige, außergewöhnlichen, kleine, scheue (Algen)
Personalpronomen:	sie, er, es (Hai)
Possessivpronomen:	ihr, seine, ihre (Wal)

(1 Punkt für jedes richtig bestimmte und eingeordnete Wort)

Seite 54 **2.**

a) **Mein** Tauchanzug ist zu eng.
b) Ich schäme mich **meines** Tauchanzugs.
c) **Meinem** Tauchanzug kann man den häufigen Gebrauch ansehen.
d) Ich finde **meinen** Tauchanzug nicht.

(1 Punkt für jede richtige Form von „mein")

Seite 54 **3.**

Wortarten von links nach rechts:
Demonstrativpronomen, Nomen/Substantiv, Verb, Adverb, Präposition + Artikel, Nomen/Substantiv

(1 Punkt für jede richtig benannte Wortart)

Seite 54 **4.**

1. Satz: Dieser Fisch lebt häufig im Korallenriff.
2. Satz: Solche Muscheln treiben abends am Strand.
3. Satz: Jene Schildkröten tauchen abwärts zum Meeresboden.

(1 Punkt für jeden richtig gebildeten Satz)

50–39 Punkte	38–23 Punkte	22–0 Punkte
Das hast du gut gemacht!	Nicht schlecht! Lies dir noch einmal die Lernboxen im Schulbuch auf den S. 242–257 durch.	Wiederhole noch einmal die Übungen im Arbeitsheft (S. 47–53) und im Schulbuch (S. 242–257).

Lauter Süßigkeiten – Zeitformen wiederholen und üben

Seite 55 **1.**

Die meisten Kinder essen gerne süße Sachen. Gummibärchen, Schokolade und Bonbons gehören für sie zum Alltag. **Einige übertreiben das Schlecken allerdings.** Dann leidet ihre Gesundheit unter der viel zu süßen Ernährung.
(Zeitform: **Präsens)**

Im Mittelalter gab es nicht viele süße Lebensmittel. In den Klöstern betrieben die Mönche allerdings Bienenzucht und verwendeten den Honig für süße Kuchen. **Sie schmückten ihre Honigkuchen auf der Oberseite oft mit Bildern.** Fromme Pilger erhielten zum Andenken an ihre Wallfahrt manchmal einen Honigkuchen. Für die meisten Menschen, also auch für die meisten Kinder, gab es diese süßen Köstlichkeiten jedoch selten.
(Zeitform: **Präteritum)**

Werden wir auch in der Zukunft noch so viele Süßigkeiten essen? **Wir werden Kaugummi in der Tube kaufen oder Schokolade zum Inhalieren.** Oder werden wir aus Rücksicht auf unsere Gesundheit auf Süßes verzichten?
(Zeitform: **Futur)**

Seite 55 **2.**

1. Einige übertreiben das Schlecken allerdings. (Präsens)
   Einige übertrieben das Schlecken allerdings. (Präteritum)
   Einige werden das Schlecken allerdings übertreiben. (Futur)
2. Sie schmückten ihre Honigkuchen auf der Oberseite oft mit Bildern. (Präteritum)
   Sie schmücken ihre Honigkuchen auf der Oberseite oft mit Bildern. (Präsens)
   Sie werden ihre Honigkuchen auf der Oberseite oft mit Bildern schmücken. (Futur)
3. Wir werden Kaugummi aus der Tube kaufen oder Schokolade zum Inhalieren. (Futur)
   Wir kaufen Kaugummi aus der Tube oder Schokolade zum Inhalieren. (Präsens)
   Wir kauften Kaugummi aus der Tube oder Schokolade zum Inhalieren. (Präteritum)

Seite 56 1. **Das Klassenfrühstück**

Die 6c veranstaltet ein Klassenfrühstück vor ihrem Ausflug.
„Ich *habe* mir ein Brötchen mit Leberwurst *geschmiert* und darauf Gurkenscheiben *gelegt*", erklärt Luc seinem Freund Burak, „was *hast* du dir denn *genommen?*" „Ich *habe* Butterkäse *gewählt*, den mag ich besonders gern", antwortet Burak. „Guck mal, Alina *hat* sich einen Quetscher *gemacht*", ruft Lisa, „den esse ich auch gern." „Typisch Willi, er *hat* schon auf das dritte Brötchen Marmelade *gestrichen*, die *hat* seine Oma *eingekocht*. Ihre Kirschmarmelade schmeckt aber auch wirklich lecker", bemerkt Frieda, „die *habe* ich auch schon *gegessen*." „Ich *bin* heute etwas zu spät *gekommen*", seufzt Carolin, „mein Bus *ist* einfach *vorbeigefahren*. Und jetzt *habe* ich nichts mehr von dem Obstteller *abgekriegt*." „Ihr *habt* euch alle gut *benommen*", lobt die Lehrerin. „Dann *haben* die meisten jetzt gut *gegessen* und wir können losfahren."

Seite 57 2. **Mögliche Lösungen:**

- Zum Frühstück hat Sonja einen Joghurt mit Honig gelöffelt und dazu hat sie ein Glas Orangensaft getrunken.
- Lukas hat eine Schale mit Cornflakes und Erdbeeren gegessen und ein Glas Milch getrunken.
- Beide zusammen haben aus der Obstschale ein Stück Obst gewählt und es sehr genossen.

Seite 58 1.

Einbruch in Bonbongeschäft
Münster. Nachdem er eine Seitentür (aufgebrochen hatte), stieg ein Einbrecher am Sonntag in ein Bonbongeschäft ein. Weil die Geschäftsführerin die Kasse am Samstag (geleert hatte), konnte er keine große Beute machen. Deshalb entwendete er aus dem Lager 5 Kartons mit Bonbons und Lutschern.

Dieb blieb in Kellerfenster stecken
Bielefeld. Seine Beute, Süßwaren im Wert von ca. 1000 €, (hatte) er schon zur Seite (gestellt), da „fing" sich der Einbrecher selbst. Er (war) in einem Kellerfenster (stecken geblieben). Nachdem Anwohner seine Hilferufe (gehört hatten), befreite ihn die Polizei, um ihn gleich darauf wieder festzusetzen.

Seite 58 2. **Schokoladendieb musste ins Krankenhaus**

Hamm. Er *war* dem Kaufhausdetektiv bereits *aufgefallen* (auffallen) – der Mann mit den verdächtigen Ausbuchtungen in der Kleidung. Bei einer Durchsuchung stellte sich heraus, dass er 43 Tafeln Schokolade *eingesteckt hatte* (einstecken). Außerdem *hatte* er schon im Kaufhaus von seiner Beute *gegessen* (essen). Und so musste der Mann, der zuckerkrank war, mit erhöhtem Blutzuckerspiegel ins Krankenhaus. Zuvor *hatte* er den Detektiv noch *gebeten* (bitten), die Anzeige fallen zu lassen, und ihm 50 € *angeboten* (anbieten). Nachdem die Polizei ins Krankenhaus *gefahren war* (fahren), stellte sich heraus, dass es sich um einen gesuchten Ladendieb handelte.

Seite 59 3. ausgedruckt (hatte); (hatte) gelesen; (war) gegangen; angekommen (war); aufgelöst (hatte); geworden (war); gesteckt (hatte); gestreut (hatte); gesehen (hatte); hineingebissen (hatte)

Seite 59 4. **Eine mögliche Lösung:**

Dieb ließ sich im Süßwarengeschäft einschließen
Köln. Ein Mann **hatte** am Abend in einem Süßwarengeschäft **gewartet**, bis alle Verkäufer nach Hause **gegangen waren**. Dann bediente er sich an den leckeren Sachen. Nachdem er Schokolade und Plätzchen **gegessen hatte**, wurde er müde. Bevor er **eingeschlafen war**, zog er sich noch die Schuhe aus. Die Verkäufer **hatten** ihn am nächsten Morgen **gefunden**, weil er so fest **eingeschlafen war**. Doch bevor sie die Polizei verständigen konnten, war der Mann **weggelaufen**.

Seite 60 **1.**

Präsens:	Die 6c sieht sich ein Schokoladenmuseum an.	*Die Klasse fährt mit einem Bus.*	*Eine Museumsführerin zeigt ihnen alles.*
Perfekt:	*Die 6c hat sich ein Schokoladenmuseum angesehen.*	*Die Klasse ist mit einem Bus gefahren.*	*Eine Museumsführerin hat ihnen alles gezeigt.*
Präteritum:	*Die 6c sah sich ein Schokoladenmuseum an.*	Die Klasse fuhr mit einem Bus.	*Eine Museumsführerin zeigte ihnen alles.*
Plusquamperfekt:	*Die 6c hatte sich ein Schokoladenmuseum angesehen.*	*Die Klasse war mit einem Bus gefahren.*	*Eine Museumsführerin hatte ihnen alles gezeigt.*
Futur:	*Die 6c wird sich ein Schokoladenmuseum ansehen.*	*Die Klasse wird mit einem Bus fahren.*	Eine Museumsführerin wird ihnen alles zeigen.

(1 Punkt für jede richtige Ergänzung)

Seite 61 **2.**

a) „Weil es so regnete, *sind* wir zum Museum *gelaufen.*"
b) „Wir *haben* einen richtigen Kakaobaum *gesehen.*"
c) „Burak *hat* eine Kakaobohne *gefunden.*"
d) „Ich *habe* eine Waffel mit Schokolade aus dem Schokoladenbrunnen *gegessen.*"
e) „Ein Papagei *ist* in einem Bananenbaum ganz nach oben *geklettert.*"

(1 Punkt für jede richtig gebildete Perfektform)

Seite 61 **3.**

a) Obwohl der Täter schon im Gefängnis *gesessen hatte* (sitzen), wurde er erneut rückfällig.
b) Weil der Dieb *gestürzt war* (stürzen), holte ihn ein Verfolger ein.
c) Nachdem die Polizei den Mann *festgenommen hatte* (festnehmen), kam er ins Gefängnis.

(1 Punkt für jede richtig gebildete Plusquamperfektform)

20–16 Punkte	**15–11 Punkte**	**10–0 Punkte**
Das hast du gut gemacht!	Nicht schlecht! Lies dir noch einmal die Lernboxen im Schulbuch auf den S. 268–273 durch.	Wiederhole noch einmal die Übungen im Arbeitsheft (S. 55–59) und im Schulbuch (S. 268–273).

Bausteine des Satzes – Satzglieder kennen

Seite 62 **1.**

- (Der Zauberer) (zeigt) (den Zuschauern) (sein großes Können).
  (Sein großes Können) (zeigt) (der Zauberer) (den Zuschauern).
  (Den Zuschauern) (zeigt) (der Zauberer) (sein großes Können).
- (Tim) (mag) (die tolle Clownnummer).
  (Die tolle Clownnummer) (mag) (Tim).
- (Der Akrobat) (stemmt) (zwei erwachsene Männer und eine junge Frau).
  (Zwei erwachsene Männer und eine junge Frau) (stemmt) (der Akrobat).

- (Die Trapezkünstler) (beherrschen) (den richtigen Absprung).
  (Den richtigen Absprung) (beherrschen) (die Trapezkünstler).
- (Das chinesische Mädchen) (dreht) (zehn Teller).
  (Zehn Teller) (dreht) (das chinesische Mädchen).
- (Dem Zirkusdirektor) (spielt) (der Clown) (viele Streiche).
  (Der Clown) (spielt) (dem Zirkusdirektor) (viele Streiche).
  (Viele Streiche) (spielt) (der Clown) (dem Zirkusdirektor).
- (Der Clown) (schenkt) (der Seiltänzerin) (eine Rose).
  (Der Seiltänzerin) (schenkt) (der Clown) (eine Rose).
  (Eine Rose) (schenkt) (der Clown) (der Seiltänzerin).

Seite 63 **2.**

(Die Kinder)(stehen)(vor dem großen Elefantengehege).
(Vor dem großen Elefantengehege)(stehen)(die Kinder).
(auch möglich: (Stehen)(die Kinder)(vor dem großen Elefantengehege?))

(Ein Elefantenbulle)(greift)(mit seinem Rüssel)(ein riesiges Aststück).
(Ein riesiges Aststück)(greift)(ein Elefantenbulle)(mit seinem Rüssel).
(Mit seinem Rüssel)(greift)(ein Elefantenbulle)(ein riesiges Aststück).
(auch möglich: (Greift)(ein Elefantenbulle)(mit seinem Rüssel)(ein riesiges Aststück?))

Seite 63 **3.**

Eine mögliche Lösung:
Als Erstes wirft der Fakir ein Seil in die Höhe. Dies bleibt stehen. Dann lässt er einen kleinen Jungen darauf klettern. Oben verschwindet sein Assistent. Der Fakir wird wütend und steigt auch auf das Seil. Körperteile fallen herunter und der Zauberer verschwindet. Auf einmal kommt der Fakir wieder herunter. Er sammelt die Körperteile ein. Diese legt er in einen Korb. Sorgfältig schließt er das Gefäß. Er öffnet es wieder. Der kleine Junge kommt aus dem Korb heraus.

Seite 64 **1.**

- Der Clown beobachtet **den Akrobaten (AO)**.
  Wen (oder was) beobachtet der Clown?
- **Der Zauberer (S)** begeistert die Zuschauer.
  Wer (oder was) begeistert die Zuschauer?
- Der Seiltänzer genießt **jede Bewegung (AO)**.
  Wen oder was genießt der Seiltänzer?
- Der Zauberer lässt **seine Assistentin (AO)** verschwinden.
  Wen (oder was) lässt der Zauberer verschwinden?
- Die Zuschauer **sehen (P)** gespannt dem Messerwerfer **zu (P)**.
  Was tun die Zuschauer gespannt?
- Besonders die Kinder **bewundern (P)** den Dompteur in dem Löwenkäfig.
  Was tun besonders die Kinder?
- Der Dompteur gibt **den Tigern (DO)** mit der Peitsche seine Anweisungen.
  Wem gibt der Dompteur mit der Peitsche seine Anweisungen?
- **Dem Zirkusdirektor (DO)** gelingt eine schöne Abschiedsrede.
  Wem gelingt eine schöne Abschiedsrede?

Seite 65 **2.**

S: (Der Zauberer) P: (zeigt) DO: (den Zuschauern) AO: (sein großes Können).

S: (Tim) P: (mag) AO: (die tolle Clownnummer).

S P AO
(Der Akrobat) (stemmt) (zwei erwachsene Männer und eine junge Frau).

S P AO
(Die Trapezkünstler) (beherrschen) (den richtigen Absprung).

S P AO
(Das chinesische Mädchen) (dreht) (zehn Teller).

DO P S AO
(Dem Zirkusdirektor) (spielt) (der Clown) (viele Streiche).

S P DO AO
(Der Clown) (schenkt) (der Seiltänzerin) (eine Rose).

Seite 65 **3./4.** **Wie verwandelt man eine Orange in einen Apfel?**
P S AO

Für diesen Trick brauchst du eine Orange, einen Apfel, ein Messer und ein Tuch.
P S AO

Der schwierige Teil kommt gleich zu Beginn. Schneide die Orangenschale in vier
S P P AO

Viertel, die oben zusammenhängen. Blättere die Schalenviertel auf und entferne
P P AO P P

das Fruchtfleisch. Wenn du das geschickt und geduldig machst, bleibt die Schale
AO S AO P P S

dabei heil. Nun legst du einen Apfel mit dem Stängel nach unten in die hohle Orange
P S AO

und schließt die vier Viertel.
P AO

Jetzt kommt der große Moment. Du nimmst die Orange in die Hand und zeigst sie
P S S P AO P AO

deinen Zuschauern. Rieche daran, verzieh dein Gesicht und erkläre ihnen, dass du
DO P P AO P DO S

eigentlich lieber einen Apfel hättest. Nimm mit der anderen Hand das Tuch,
AO P P AO

schwenke es vor dem Publikum und breite es über die „Orange“. In diesem Moment
AO P AO

kannst du von unten den Apfelstängel fassen. Ergreife das Tuch von oben und ziehe
P S AO P P AO P

es gemeinsam mit der Orange ab. Mit der Linken führst du den Apfel zum Mund und
AO P P S AO

beißt kraftvoll hinein. Das lenkt die Zuschauer ab. Das Tuch zerknüllst du und wirfst
P P S P AO P AO P S P

es in den Zylinder oder in deinen Zauberkoffer oder in irgendeinen anderen Behälter.
AO

Seite 66 **1.**

- Vorgestern beobachtete Judith in der Liboriusgasse etwas Merkwürdiges.
  vorgestern: adverbiale Bestimmung der Zeit
  in der Liboriusgasse: adverbiale Bestimmung des Ortes

- Ein junger Mann verfolgte mit seinem Fahrrad ein Lama, das eilig vor ihm zu fliehen schien.
  mit seinem Fahrrad: adverbiale Bestimmung des Mittels
  eilig: adverbiale Bestimmung der Art und Weise
- In Höhe der Eisdiele holte der Mann das Tier ein.
  in Höhe der Eisdiele: adverbiale Bestimmung des Ortes
- Als eine ältere Frau das Lama sah, ließ sie vor Schreck ihr Eis fallen.
  vor Schreck: adverbiale Bestimmung des Grundes
- Für einen Moment blieb sie wie erstarrt auf dem Bürgersteig stehen.
  für einen Moment: adverbiale Bestimmung der Zeit
  wie erstarrt: adverbiale Bestimmung der Art und Weise
  auf dem Bürgersteig: adverbiale Bestimmung des Ortes
- Sofort schleckte das Lama das Eis genüsslich von der Straße.
  sofort: adverbiale Bestimmung der Zeit
  genüsslich: adverbiale Bestimmung der Art und Weise
  von der Straße: adverbiale Bestimmung des Ortes
- Wegen eines Defekts am Schloss war das Tier zuvor aus einem Zirkuswagen entwichen.
  wegen eines Defekts am Schloss: adverbiale Bestimmung des Grundes
  zuvor: adverbiale Bestimmung der Zeit
  aus einem Zirkuswagen: adverbiale Bestimmung des Ortes
- Höflich entschuldigte sich der Mann bei der Dame und kaufte ihr sofort ein neues Eis.
  höflich: adverbiale Bestimmung der Art und Weise
  sofort: adverbiale Bestimmung der Zeit

Seite 68 **2.**

- Heute Nachmittag spielt Aysuns Mannschaft in der Turnhalle.
  1. Umstellung: (Aysuns Mannschaft) (spielt) (heute Nachmittag) (in der Turnhalle).
  2. Umstellung: (In der Turnhalle) (spielt) (Aysuns Mannschaft) (heute Nachmittag).
  Adverbiale Bestimmungen: heute Nachmittag: adverbiale Bestimmung der Zeit; in der Turnhalle: adverbiale Bestimmung des Ortes
- Die Spielerinnen warten in der Kabine gespannt auf die Auslosung der Paarungen.
  1. Umstellung: (Gespannt) (warten) (die Spielerinnen) (in der Kabine) (auf die Auslosung der Paarungen).
  2. Umstellung: (In der Kabine) (warten) (die Spielerinnen) (gespannt) (auf die Auslosung der Paarungen).
  Adverbiale Bestimmungen: in der Kabine: adverbiale Bestimmung des Ortes; gespannt: adverbiale Bestimmung der Art und Weise.
- Wegen eines Lichtausfalls beginnt das Turnier schließlich mit einer Stunde Verzögerung.
  1. Umstellung: (Das Turnier) (beginnt) (wegen eines Lichtausfalls) (schließlich) (mit einer Stunde Verzögerung).
  2. Umstellung: (Schließlich) (beginnt) (das Turnier) (wegen eines Lichtausfalls) (mit einer Stunde Verzögerung).
  Adverbiale Bestimmungen: schließlich: adverbiale Bestimmung der Zeit; mit einer Stunde Verspätung: adverbiale Bestimmung der Zeit; wegen eines Lichtausfalls: adverbiale Bestimmung des Grundes

Teste dich selbst! – Satzglieder kennen

Seite 69 **1.**

Satzglied	**Satzgliedfrage**
Subjekt	Wer oder was? (1 P.)
Dativobjekt	Wem? (1 P.)
Akkusativobjekt	Wen oder was? (1 P.)
adverbiale Bestimmung der Zeit	Wann? Wie lange? Wie oft? (3 P.)
adverbiale Bestimmung des Art und Weise	Wie? Auf welche Art und Weise? (2 P.)

(1 Punkt je zutreffender Satzgliedfrage)

Seite 69 **2.**

Die Neue

P S S P
Heute kommt die neue Schülerin Laura zum ersten Mal in die Klasse. Ihre Familie ist
(P) S P (P) S
vor Kurzem nach Frankfurt umgezogen. Der Lehrer stellt sie der Klasse vor. Alle
P (P) S P S P
schauen Laura neugierig an. Sie bekommt den freien Platz neben Tim. Tim schaut
(P) S P (P)
die Neue erwartungsvoll an. Die Neue lächelt ihm freundlich zu. Wegen ihres
P S P S
Lächelns errötet Tim. Dann verfolgen Laura und Tim den Unterricht.

(1 Punkt für die richtig bestimmten Subjekte und Prädikate pro Satz)

Seite 69 **3.**

Die Neue

Heute kommt die neue Schülerin Laura zum ersten Mal in die Klasse. Ihre Familie ist
AO DO
vor Kurzem nach Frankfurt umgezogen. Der Lehrer stellt (sie) (der Klasse) vor. Alle
AO AO
schauen (Laura) neugierig an. Sie bekommt (den freien Platz) neben Tim. Tim schaut
AO DO
(die Neue) erwartungsvoll an. Die Neue lächelt (ihm) freundlich zu. Wegen ihres
AO
Lächelns errötet Tim. Dann verfolgen Laura und Tim (den Unterricht).

(1 Punkt für jedes richtig bestimmte Objekt)

Seite 69 **4.**

adverbiale Bestimmung	
der Zeit	heute, zum ersten Mal, vor Kurzem, dann
des Ortes	in die Klasse, nach Frankfurt, neben Tim,
der Art und Weise	neugierig, erwartungsvoll, freundlich
des Grundes	wegen ihres Lächelns

(1 Punkt pro richtig erkannte und eingeordnete adverbiale Bestimmung)

35–27 Punkte	26–18 Punkte	17–0 Punkte
Das hast du gut gemacht!	Nicht schlecht! Lies dir noch einmal die Lernboxen im Schulbuch auf den S. 258–265 durch.	Wiederhole noch einmal die Übungen im Arbeitsheft (S. 62–68) und im Schulbuch (S. 258–265).

Das kann man lernen – Tipps für die Rechtschreibung

Seite 70 **1.**

Nomen/Substantive, Verben	neues Adjektiv mit -lich, -ig oder -isch	Verlängerung des neuen Adjektivs
Natur	natürlich	natürliche
Schrift	schriftlich	schriftliche
Schwede	schwedisch	schwedische
Hunger	hungrig	hungrige
eilen	eilig	eilige
kaufen	käuflich	käufliche
bedrohen	bedrohlich	bedrohliche
Dreck	dreckig	dreckige
Gefahr	gefährlich	gefährliche
Neugier	neugierig	neugierige

Seite 70 **2.**

a) Wenn man als **Musiker** im Orchester erfolgreich sein möchte, muss man viel üben.
b) Auf einer Reise kann man viele **interessante** Menschen kennenlernen.
c) Der Elster wird nachgesagt, sie sei ein **diebischer** Vogel.
d) Das Jahr hat 365 **Tage**.
e) Eine **gesunde** Ernährung verlängert das Leben.
f) LKW-Fahrer begrüßen einander oft mit lautem **Hupen**.
g) Aus vielen Obstsorten kann man viele leckere **Säfte** herstellen.
h) Jeden Tag erreichen mehrere Hundert **Züge** den Hauptbahnhof in Berlin.
i) Von unserem Haus stehen schon die vier Außen**wände**.

Seite 71 **3.**

Bäume – Baum/stärken – stark/schäumen – Schaum/härten – hart/erkälten – kalt/ Sträucher – Strauch

Seite 71 **4.**

Träume sind Schäume

Neulich wurde ich nachts wach, weil mich jemand am Ärmel zupfte. Eisige Kälte umklammerte mein Herz. Ein rätselhafter und kläglicher Jammerlaut war zu hören. Ich stieg aus dem Bett und folgte dem gefährlich klingenden Lauten.
Ich ging durch das Geb**äu**de hinaus in den Garten. Ein Geruch von F**äu**lnis lag in der Luft, im Gestr**äu**ch vor mir hörte ich ein Rascheln. Als plötzlich eine Gestalt mit einer hässlichen Fratze auf mich zusprang, erstarrte ich. Ich wollte wegrennen, doch etwas hielt mich am Ärmel fest. Auf einmal kam ich frei und lief zum rettenden Haus. Doch die Tür war ins Schloss gefallen. Ich trommelte mit den F**äu**sten gegen die Tür. Jetzt bist du fällig, war mein letzter Gedanke, als das unheimliche Wesen auf mich zukam. Ich schrie – und wachte schweißgebadet auf. Alles war nur ein gr**äu**licher Traum.

Seite 71 **5.**

Träume – Traum, traumhaft/Schäume – Schaum/neulich – neu, von Neuem/Ärmel – Arm/Kälte – kalt/Herz – herzen, herzlich/rätselhaft – raten/kläglicher – klagen, Klage/ gefährlich – Gefahr/Gebäude – bauen/Fäulnis – faul, Faulheit/Gesträuch – Strauch/

hässlichen – Hass, hassen/wegrennen – Rennen, Renner, Rennerei/Ärmel – Arm/ Fäusten – Faust, faustgroß/fällig – fallen, Fall/letzter – letztlich, Letzter, letztens, letztgenannt/gräulicher – Grauen, grauenhaft

Seite 72 **1.**

a) Anfang, Ente, Hund, kommen, Spaziergang, vielleicht
b) alles, bellen, Ferien, laufen, rufen, Sonne
c) groß, meistens, Nachmittag, Pause, Schule, viel

Seite 72 **2.**

alles, Anfang, bellen, Ente, Ferien, groß, Hund, kommen, laufen, meistens, Nachmittag, Pause, rufen, Schule, Sonne, Spaziergang, viel, vielleicht

Seite 72 **3.**

Fuchs, führen, Führerschein, fürchten, füttern

Seite 73 **4.**

Richtig sind: Kauderwelsch, kaufen, Kätzin, kausal, Kaulquappe, käuflich, kauen, Kaugummi

Seite 73 **5.**

die Kaue, die Kaule, der Katholik, die Kausalität, der oder die Kauri, die Kausch, das Kattegat, der Kattun

Seite 73 **6.**

die Kathedrale – die Kathedralen, der Kattun – die Kattune, der Kauri – die Kauris, der Katheder – die Katheder

Seite 73 **7.**

Kaue = Gebäude über dem Schacht; Wasch- und Umkleideraum der Bergarbeiter
Kaule = Grube, Loch, auch Kugel
Katholik = Anhänger des katholischen Glaubens bzw. der katholischen Kirche
Kausalität = Ursächlichkeit
Kauri = Porzellanschnecke, sogenanntes Muschelgeld
Kausch = Ring mit Hohlrand zur Verstärkung
Kattegat = Meerenge zwischen Schweden und Jütland
Kattun = feines Gewebe aus Baumwolle oder Chemiefasern

Seite 74 **1.**

a) **„Dies** könnte dir so passen!“, rief Paul.
b) **Jenes** Buch, **welches** Paul verliehen hat, ist verschwunden.
c) **Dies** war **jenes** Jahr, **welches** dem Club viele Siege brachte.

Seite 74 **2.**

a) Rigobert nahm an, dass er nicht das richtige Geschenk bekommen hatte.
b) Er ärgerte sich schon, dass er sich so gut benommen hatte.
c) Nun versuchte er zu verbergen, dass er enttäuscht war.
d) Rigobert merkte nicht, dass er das eigentliche Geschenk nicht gefunden hatte.

Seite 75 **3.**

Das Kinoereignis, über **das** alle Welt spricht
a) Alle Welt geht ins Kino, um **das** Kinoereignis des Jahres zu sehen.
b) Kein Mensch hatte vorher geahnt, **dass** der Film so erfolgreich sein würde.
c) **Das** Kino, **das** über die neueste Technik verfügte, war besonders gefragt.
d) **Das** Bemerkenswerteste an dem Film war, **dass** die Produktionskosten gering waren.
e) Aber **das** interessierte **das** Publikum überhaupt nicht.

Seite 75 **4.**

Das Geschenk
„**Das** ist doch die Höhe!“, dachte Rigobert. „Jedes Jahr **das** gleiche Spiel. Da bin ich wochenlang **das** bravste Kind der Welt und dann **das**.“ Enttäuscht und wütend schaute er auf **das** Geschenk, **das** ihm seine Eltern überreicht hatten. „Was ist denn, Rigobert?“, fragte die Mutter, der **das** enttäuschte Gesicht ihres Sohnes nicht entgangen war. „Ach nichts“, murmelte Rigobert. „Was ist? Gefällt dir **das** nicht?“, bohrte die

Mutter nach und zeigte auf **das** Geschenk. Wie sollte er seiner Mutter nur sagen, **dass** er **das** Geschenk eigentlich ganz toll fand, aber doch etwas anderes erwartet hatte? „Vielleicht hast du dir **das** Paket nur noch nicht genau genug angeschaut?“, hakte die Mutter nach. Rigobert stutzte, öffnete **das** Paket, wühlte ein wenig und strahlte über **das** ganze Gesicht. In den Händen hielt er **das**, was er sich so sehr gewünscht hatte. „**Das** ist ja riesig!“, rief er. Erst jetzt hatte er begriffen, **dass** er nicht mehr enttäuscht sein musste.

Wie schreibt man das? – Groß- und Kleinschreibung

Seite 82 **1.** **Die Ozeane**

Ein sehr großer Teil der Erdoberfläche ist mit Wasser, den Meeren und Ozeanen, bedeckt. Ohne diese Wassermengen wäre das Leben auf unserer Erde nicht möglich. Ein Teil der Feuchtigkeit der Meere verdunstet und fällt als Regen oder Schnee auf die Erde. So erhalten Gletscher, Bäche und Flüsse Wasser und können zum Teil neu entstehen. Das Meerwasser wimmelt von Pflanzen und Tieren. Die Tierwelt der Ozeane und Meere ist sehr vielfältig. So gibt es z. B. das Plankton, winzig kleine Pflanzen oder Tiere wie Fische, Haie, Krebse, Muscheln und Schlangen. Die Ozeane bilden das größte Ökosystem der Erde. Sie besitzen ganz viele Lebensräume wie die Küste, das Riff, das offene Meer und die Tiefsee.

Seite 82 **2.** **Eine mögliche Lösung:**

Nomen/ Substantive mit Artikel	**Nomen/ Substantive mit Präposition**	**Nomen/ Substantive mit Adjektiv**	**Nomen/ Substantive mit Pronomen**	**Nomen/ Substantive mit Zahlwort/ Mengenangabe**
die Ozeane, der Erdoberfläche, den Meeren und Ozeanen, das Leben, ein Teil, der Feuchtigkeit, der Meere, die Erde, das Meerwasser, die Tierwelt, der Ozeane und Meere, das Plankton, die Ozeane, der Erde, die Küste, das Riff, das Meer, die Tief-see	mit Wasser, zum Teil, von Pflanzen und Tieren	(ein sehr) großer Teil, winzig kleine Pflanzen, offene Meer, (das) größte Ökosystem	diese Wassermengen, unserer Erde	viele Lebensräume

Seite 83 1.

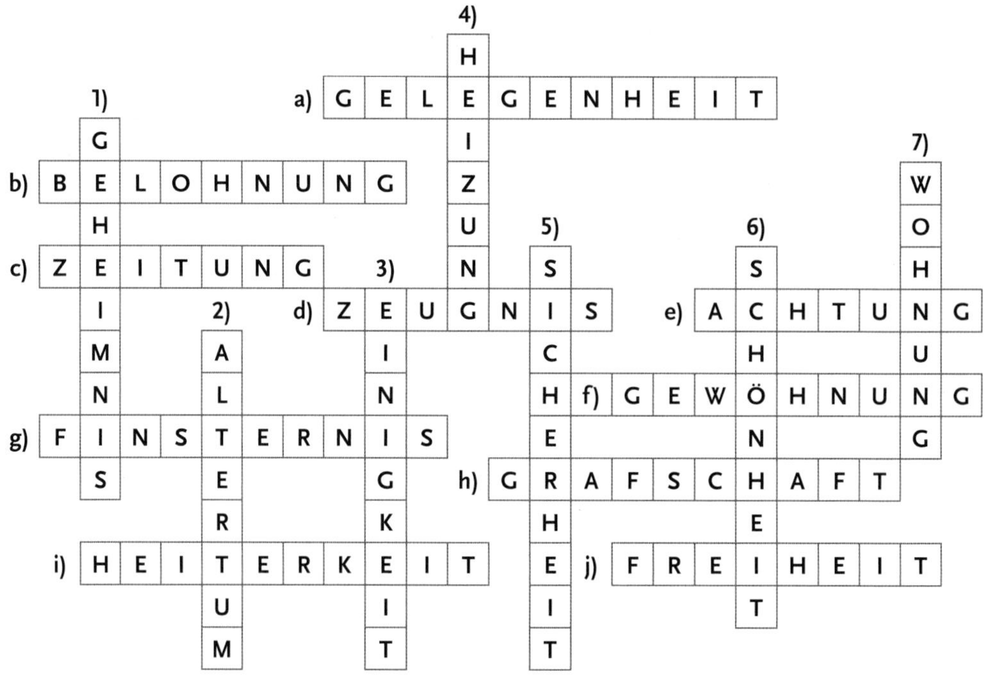

Seite 84 2. a) Krankmeldung b) Gesundheit c) Müdigkeit d) Wiederherstellung

Seite 84 3.

-heit Krankheit, Gesundheit, Menschheit
-schaft Freundschaft, Feindschaft, Verwandtschaft
-keit Heiterkeit, Freundlichkeit, Eitelkeit
-ung Verschwendung, Zeichnung, Umgebung, Tarnung
-nis Begräbnis, Kenntnis, Versäumnis, Wagnis, Zeugnis
-tum Königtum

Seite 85 1. (beim) Füttern/ (das) Klettern /(das) Betreten/(das) Füttern/(das) Mitführen/(lautes) Rufen

Seite 85 2. **Dieses sind mögliche Verbote, Gebote oder Ratschläge:**

- Beim Betreten des Klassenraums hat der Schüler ein freundliches Gesicht zu machen.
- Das Herausziehen des Steckers bei einem Gewitter ist unbedingt notwendig!
- Das Anfassen des Löwen ist tunlichst zu unterlassen!
- Sie sollten zum Verschließen der Gläser immer neuwertige Gummiringe verwenden!
- Das Wecken der Schüler am Morgen ist streng verboten!
- Der Lehrer sollte niemals beim Mogeln erwischt werden!

Seite 86 3.

- Das **W**andern macht mir überhaupt keinen Spaß.
  Am letzten Schultag **w**andern wir zu den Externsteinen.
- In der Schule **l**esen wir gerade das Buch „Die Vorstadtkrokodile".
  Meine Schwester Beate ist gestern beim **L**esen eingeschlafen.
- In Wohngebieten ist schnelles **F**ahren verboten.
  Viele Schülerinnen und Schüler **f**ahren mit dem Bus zur Schule.
- Im Sportunterricht **r**ennen die Mädchen um die Wette.
  Im Schwimmbad ist **R**ennen nicht erlaubt.

Seite 86 4. Zum **B**asteln und **A**usprobieren – Lebende Hütten
Vielleicht kannst du ja deine Eltern **ü**berreden, mit dir ein Weidenhaus zu **b**auen. Viel tun musst du nicht, das **W**achsen erfolgt nämlich von selbst. Aber etwas Geduld muss

man **m**itbringen. Zum **W**ohnen eignet sich das Haus im ersten Jahr noch nicht. Richtig fertig ist das Dach erst im dritten Jahr. Du musst dir in einer Gärtnerei, beim Förster oder bei einer Naturschutzorganisation 15–30 Weidenruten **b**esorgen. Die Ruten werden im Frühjahr in gleichen Abständen als Kreis mit etwa zwei Metern Durchmesser **e**ingesetzt. Eine Lücke für die Tür darfst du nicht **v**ergessen. Am Anfang ist tägliches **W**ässern unbedingt notwendig. Ansonsten **b**enötigen die Weiden zum **W**achsen nicht viel. Wenn die Ruten etwa zwei Meter lang sind, werden sie oben über Kreuz zu einem Dach **z**usammengebunden. Wichtig ist das jährliche **Z**urückschneiden der Zweige. Nach ca. fünf Jahren ist das Dach so fest, dass es sogar dein Gewicht **a**ushält und zum **K**lettern geeignet ist.

Seite 87 1. die Kleinste/eine Neue/das Schönste/der Glücklichste/der Alte und der Junge/an dem Gelb

Seite 87 2.

- Es gibt nichts **G**utes, es sei denn, man tut es.
- Wer andern eine Grube gräbt, muss **t**ief buddeln können.
- Der **K**lügere gibt nach. Haben deshalb die **D**ummen das Sagen?
- Ein **g**utes Gewissen ist ein **s**anftes Ruhekissen.
- Das **N**eue ist nicht immer das **B**este, sagen viele **a**lte Leute.
- Man ist so **a**lt, wie man sich fühlt.
- Irren ist **m**enschlich.

Seite 88 3.

Das Adjektiv gehört zum Nomen/ Substantiv und wird kleingeschrieben	**Das Adjektiv wird als Nomen/Substantiv gebraucht und großgeschrieben**
– Die neue Mode – Mit kühlem Leinen für strahlende Tage – Die neue bunte Welle – Eine gute Entscheidung – Der letzte Schrei – Das natürliche Lauferlebnis	– Für Krabbelkinder etwas Niedliches – Nichts Neues für Nixen – Holzmöbel auch in Schwarz – Endlich der Richtige – Service vom Feinsten – Das Frische liegt so nah – Wenn Sie das Schöne mit dem Praktischen verbinden wollen – Über unseren Kleinsten braucht man keine Worte zu verlieren – Alles Gute kommt nach oben – Ihre Haut liebt das Natürliche

Seite 88 4.

Tomate mit ...

Johanna: Ich habe heute etwas ganz **T**olles gesehen.
Jonathan: Erzähl!
Johanna: Ich beschreibe es dir. Es hat zwei **b**raune Streifen. Schon aus der Ferne kannst du das **l**euchtende **R**ot erkennen und dich an der **w**underschönen Form erfreuen.
Jonathan: So etwas **K**omisches kenne ich nicht.
Johanna: Tomate mit Hosenträgern!
Jonathan: Sehr **l**ustig!

Seite 89 1.

- Am besten gefällt mir in der Schule der **Sonntag.**
- Wir gehen **morgen früh** ins Theater.
- Ich bin **gestern Nachmittag** im Kino gewesen.
- Der Film am letzten **Donnerstag** hat mir besser gefallen.
- Zum Judotraining gehe ich jeweils **mittwochs** und **samstags.**
- Wir bringen unseren Bruder **morgens** zum Kindergarten.
- Wegen seiner Erkältung wird er **morgen** jedoch zu Hause bleiben.

- Am **Nachmittag** besucht ihn seine beste Freundin.
- Die Judostunde findet immer **donnerstags** statt, an diesem **Donnerstag** bin ich jedoch verhindert.

Seite 90 **2.**

Kleinschreibung	Großschreibung
morgens	am Morgen, der Morgen, des Morgens
donnerstags	am Donnerstag, der Donnerstag
abends	der Abend, des Abends, am Abend
sonntags	am Sonntag, der Sonntag, des Sonntags
montagabends	der Montagabend, am Montagabend
vormittags	der Vormittag
donnerstagmorgens	am Donnerstagmorgen
freitags	am Freitag
mittags	am Mittag
nachmittags	am Nachmittag

Seite 90 **3.**

Eine totale Pechsträhne
Zu früh freute sich am **Donnerstagabend** ein Mann aus Kiel. Zwei Tage zuvor, nämlich am **Dienstag,** war sein neues Auto direkt vor seiner Haustür gestohlen worden. Ein Freund hatte das Fahrzeug jedoch bereits am **Donnerstagnachmittag** vor einer Pizzeria gesehen und versucht, ihn per Handy anzurufen. Da der Mann jedoch bereits **mittags** Feierabend gemacht hatte und zum Einkaufen gegangen war und zudem sein Handy im Büro vergessen hatte, erfuhr er erst **abends** von dem Fund. Sofort begab er sich zu dem Lokal und fand das Auto unverschlossen mit steckendem Schlüssel vor. Am **Morgen** des nächsten Tages fuhr er sofort zur Polizeistation, um Anzeige zu erstatten. Als er aus der Polizeistation kam, war sein Wagen wieder verschwunden. Der Mann hatte ihn mit laufendem Motor vor der Wache geparkt. Somit wird er auch **heute Abend** wieder zu Fuß gehen müssen.

Seite 91 **4.**

„Ich kaufe mir **morgen** neue Turnschuhe." (Mittwoch, den 17.04.)
„Mein Bruder hatte **vorgestern** Geburtstag." (Sonntag, den 14.04.)
„Wir schreiben **übermorgen** eine Mathearbeit." (Donnerstag, 18.04.)
„Ich habe **gestern** beim Pizzaservice angerufen und gesagt:
‚Liefern Sie **übermorgen**.'" (Anruf am Montag, den 15.04./ Lieferung: Mittwoch, den 17.04.)
„In einer Woche gehe ich **abends** ins Kino." (Dienstag, den 23.04.)

Seite 92 **1.**

Nomen + Nomen	Verb + Nomen	Adjektiv + Nomen	Adjektiv + Adjektiv
der Türrahmen	der Sammelband	der Buntstift	halbrund
die Schulferien	die Rennbahn	der Leerlauf	gleichgültig
die Klassenarbeit	das Schaukelpferd	das Faultier	dunkelrot

Seite 92 **2.**

schöne → wunderschöne; klare → glasklare; grüne → dunkelgrüne; blauer → tiefblauer; roten → hochroten; hohen → haushohen; kalte → eiskalte; kaltes → eiskaltes

Seite 93 **3.**

Fahrradausflug – das Fahrrad + der Ausflug; Fahrradtour – das Fahrrad + die Tour; Hügellandschaft – der Hügel + die Landschaft; Sommerhimmel – der Sommer + der Himmel; Sommersonne – der Sommer + die Sonne; Berghügel – der Berg + der Hügel; Eiscafé – das Eis + das Café; Lehnstühle – die Lehne + die Stühle (der Stuhl); Erfrischungsgetränke – die Erfrischung + die Getränke (das Getränk); Fruchteis – die Frucht + das Eis; Fahrradausflug – das Fahrrad + der Ausflug; Reiseunterbrechungen – die Reise + die Unterbrechungen (die Unterbrechung)

Teste dich selbst! – Groß- und Kleinschreibung

Seite 94 **1.**

a) Wörter, die auf -heit, -nis, -keit, -ung, -tum, -schaft enden, sind:
Nomen/Substantive (2 Punkte für die richtige Lösung)

b) Adjektive können auch als folgende Wortart gebraucht werden:
Nomen/Substantiv (2 Punkte für die richtige Lösung)

c) Die richtige Lösung lautet: **am schönsten**.
(sieh dir eventuell noch einmal die Lernbox auf S. 87 an.) (2 Punkte für die richtige Lösung)

d) Zeitangaben wie heute, morgen oder abends sind:
Adverbien (2 Punkte für die richtige Lösung)

e) Kreuze die richtige Schreibweise an:
mittwochabends (2 Punkte für die richtige Lösung)

f) Komposita nennt man:
mehrere zusammengesetzte Wörter (2 Punkte für die richtige Lösung)

g) Die Groß- und Kleinschreibung von zusammengesetzten Wörtern wird bestimmt durch: **das Grundwort** (= hintere Wort) (2 Punkte für die richtige Lösung)

Seite 94 **2.**

wirklich + keit = Wirklichkeit
verhalten + nis = Verhältnis
heizen + ung = Heizung
eigen + tum = Eigentum
schön + heit = Schönheit

(1 Punkt für die Nennung des richtigen Endbausteins und die richtige Bildung des Nomens/Substantivs)

Seite 95 **3.**

Pinguine
Pinguine **l**eben eigentlich in den Meeren. Man **s**chmunzelt oft über ihr komisches **G**ehen und **S**tehen. Eine dicke Fettschicht **s**chützt sie vorm **E**rfrieren. Die kurzen Beine **s**orgen für das ungeschickte **W**atscheln der Pinguine. Daher **g**ehen die Tiere nur zum **B**rüten an Land. Man hat beobachtet, dass sie auf dem Bauch über das Eis **r**utschen. Das ist anscheinend bequemer als das mühselige **H**üpfen.

(1 Punkt für jede richtige Ergänzung)

Seite 95 **4.**

Nimm dir am Montag nicht so viel vor, sonst bist du am **Nachmittag** nicht mehr bereit für eine aufregende Bekanntschaft. Der **Dienstagvormittag** verläuft ruhig. Geh joggen, falls es nicht von **morgens** bis **abends** regnet. **Donnerstagabend** ist die beste Zeit, um Dinge nachzuholen. Warte nicht bis **S**amstag. Denke **s**onntags nicht nur an dich, sondern auch an deine Familie.

(1 Punkt für jede richtige Ergänzung)

38–30 Punkte	29–20 Punkte	19–0 Punkte
Das hast du gut gemacht!	Nicht schlecht! Lies dir noch einmal die Lernboxen im Schulbuch auf den S. 294–306 durch.	Wiederhole noch einmal die Übungen im Arbeitsheft (S. 82–93) und im Schulbuch (S. 294–306).

Mit und ohne Dehnungszeichen – Wörter mit langem Vokal

Seite 96 **1.** oben, wo, Maler, Lob, roden, neben, lesen, Blut, hören, Motor, Pol, Waren, Nebel, leben, Weg, geben

Seite 96 **2.** Klee, Allee, Beet, Fee, See, Seele, Meer, Beere, Heer, Teer, Schnee
Moor, Moos, Boot, doof, Zoo
Staat, Aas, Aal, Saal, Paar, Haar, Waage, Saat

Seite 97 **3.** **Aufgef*ah*ren**
Der Autof**ah**rer hat sich w**e**gen des dichten **N**ebels an die Lichter seines Vordermanns gehängt. Plötzlich bremst dieser abrupt, und der ortsunkundige Fahrer f**äh**rt auf den vorderen W**a**gen auf.
„Müssen Sie denn so plötzlich bremsen?“, beschw**e**rt er sich.
„Was wollen Sie eigentlich?“, fragt der andere. „Ich bin in meiner Gar**a**ge.“

Seite 97 **4.** Bahn, Bohne, dehnen, Fähre, fahren, fehlen, Fehler, fahl, Hahn, Huhn, Hohn, hohl, Jahr, Kohle, Kahn, kehren, kahl, lahm, Lehrer, lehren, Mahl, Mühle, Mähne, mahlen, nehmen, Rohr, Rahmen, rühren, Sahne, Stahl, Sohn, stehlen, Wahl, wählen, Zahl, zählen

Seite 98 **1.** a) viele b) Diebe c) wiederholen d) fliegen e) Sieger f) Liebe

Seite 98 **2.** er läuft – er lief/sie stoßen – sie stießen/sie schläft – sie schlief/wir schlafen – wir schliefen/wir steigen – wir stiegen/ich reibe – ich rieb/sie rufen – sie riefen/sie scheint – sie schien/er bläst – er blies

Seite 98 **3.** Gier, sieben, Kiemen, zieren, schieben, Biene, Tier, Riemen, riesig

Seite 99 **4.**

Infinitiv	2. Person Singular Präsens	3. Person Singular Präsens
stehlen	du stiehlst	er stiehlt
befehlen	du befiehlst	er befiehlt
fliehen	du fliehst	er flieht
sehen	du siehst	er sieht
empfehlen	du empfiehlst	er empfiehlt
ziehen	du ziehst	er zieht

Seite 99 **5.**
- „Kommt **ihr** heute mit ins Kino?“, fragt Paula ihre Freundinnen.
- Alexandra freut sich. Das Fieber **ihrer** kranken Mutter ist gesunken. Sie hat **ihre** Medizin regelmäßig eingenommen.
- Niemals würden Müllers **ihren** Hund oder **ihre** Katze verkaufen.
- Tims MP3-Player ist neu. Er leiht **ihn** trotzdem Döne.
- Herr Müller ist schon über siebzig. Sein Alter sieht man **ihm** aber nicht an.

Seite 99 **6.** 1. Krokodil 2. Mandarine 3. Rosine 4. Benzin 5. Termin 6. Praline 7. Violine 8. Vitamine 9. Medizin Lösungswort: Disziplin

Teste dich selbst! – Wörter mit langem Vokal

Seite 100 **1.** **Komische Verse**

Die hübsche **Fee** vom **See**
zeigt **ihren** **Zeh,**
der **tut** **ihr** **weh**.

Es passt jetzt gut,
er fasst nun Mut,
geht ohne Hut.

Ein dicker Wal
hat keine Wahl,
er flieht vor dem Aal.

Der schwarze Pudel
sucht nach Pusteblumen
und Kuchenkrumen.

(1 Punkt je richtige Markierung)

Seite 100 **2.** a) ie b) keinen weiteren Buchstaben c) Pronomen d) ieh

(2 Punkte je richtige Antwort)

Seite 100 **3.** Vitus B. Dröscher
Der Rotmilan – ein einheimischer Raubvogel

Der Rotmilan nistet im Schutz des Waldes oder kleinerer Gehölze auf besonders hohen Bäumen. Von hier aus unternimmt er mit pfeifendem Ruf seine weiten Suchflüge.
Seine bevorzugten Ziele sind kranke Tiere bis Hühner- und Hasengröße.
Die Bauern nennen ihn Müllschlucker, da er die Angewohnheit hat, sein Nest mit Unrat zu „verzieren".
Dazu sammelt er Stofffetzen, Zeitungspapier und Plastiktüten aus Mülltonnen.

(je 1 Punkt je richtige Ergänzung)

36–28 Punkte	27–19 Punkte	18–0 Punkte
Das hast du gut gemacht!	Nicht schlecht! Um noch besser zu werden, wiederhole noch einmal die Übungen im Arbeitsheft (S. 96–99).	Wiederhole noch einmal die Übungen im Arbeitsheft (S. 96–99)!

Hunde rennen schnell – Wörter mit kurzem Vokal

Seite 101 **1.** (Samt) ~~Sehne~~ (Pfand) (Mund) ~~Los~~ (Herz) (Salz) ~~Lohn~~ ~~See~~ ~~Sahne~~ (Herr) ~~Moor~~ (Wanne) (Mitte) (schnell) ~~Sohn~~ (Gast) (Kasse) ~~fühlen~~ (Futter) (fertig) (Angst) (bald) ~~raten~~

Seite 101/102 **2./3.**

Wörter mit verdoppeltem Konsonanten nach kurzem Vokal	Wörter mit zwei oder mehr verschiedenen Konsonanten nach kurzem Vokal
alles, aufpassen, kommt, mussten, wenn, schütten, dann, erlassen	lang, Fenster, gingen, falschen

Seite 102 **4.** Ratte – Watte – Latte
Tasse – Kasse – Masse
Falle – Qualle – Galle
Wanne – Kanne – Tanne
Schiff – Pfiff – Griff
Hammer – Kammer – Klammer

Seite 102 **5.** 1. Kelle, 2. Stimme, 3. Kasse, 4. rennen, 5. hassen, 6. Zwillinge, 7. beginnen

Seite 102 **6.**

- schwimmen – du schwimmst – er schwimmt
- messen – du misst – er misst
- fallen – du fällst – er fällt
- bitten – du bittest – er bittet
- essen – du isst – er isst
- treffen – du triffst – er trifft
- vergessen – du vergisst – er vergisst
- nennen – du nennst – er nennt
- öffnen – du öffnest – er öffnet
- küssen – du küsst – er küsst
- kommen – du kommst – er kommt
- können – du kannst – er kann
- jammern – du jammerst – er jammert
- tippen – du tippst – er tippt
- hoffen – du hoffst – er hofft
- treffen – du triffst – er trifft
- rollen – du rollst – er rollt
- gewinnen – du gewinnst – er gewinnt
- schaffen – du schaffst – er schafft
- füttern – du fütterst – er füttert

Teste dich selbst! – Wörter mit kurzem, betontem Vokal

Seite 103 **1.**

Liebevolle Eltern

Das Pinguinweibchen le**g**t das Ei, doch das Mä**nn**chen brüte**t** es aus: Der werdende Pinguinpa**p**a trägt das kostbare Stück auf seinen Füßen, es ist von einem Hautla**pp**en bedeckt. Die Mä**nn**chen stehen ganz dicht beisa**mm**en und wärmen sich gegenseitig, bis ihre Bru**t** geschlüpft ist. Nur so kö**nn**en sie den harten, antarktischen Winter überle**b**en. Während das Mä**nn**chen brütet, geht das Weibchen auf die Ja**g**d. We**nn** sie nach einigen Wochen zurückkehrt, mit etwa drei Kilogra**mm** Fleisch im Bauch, hat das Mä**nn**chen ein Dri**tt**el seines Gewichts verlo**r**en. Jetzt erst zieht es selber los, um Beu**t**e zu machen.

(1 Punkt für jede richtige Ergänzung)

Seite 103 **2.**

- Hört man nach einem kurzen, betonten Vokal **einen** (2 Punkte) Konsonanten, so wird dieser meistens **verdoppelt** (2 Punkte).

  Mögliche Beispiele: liebevolle, Männchen, Hautlappen, beisammen, können, wenn, Kilogramm, Drittel

  (1 Punkt für jedes richtige Beispiel)

- Hört man nach einem kurzen Vokal **zwei verschiedene** (2 Punkte) Konsonanten, so wird **kein Konsonant** (2 Punkte) verdoppelt.

  Mögliche Beispiele: Eltern, werdenden, harten, antarktischen, Winter, Jagd, Gewicht, erst, selber

(1 Punkt für jedes richtige Beispiel)

42–34 Punkte	33–22 Punkte	21–0 Punkte
Das hast du gut gemacht!	Nicht schlecht! Um noch besser zu werden, wiederhole noch einmal die Übungen im Arbeitsheft (S. 101–102).	Wiederhole noch einmal die Übungen im Arbeitsheft (S. 101–102)!

„s“, „ss“ oder „ß“? – S-Laute richtig schreiben

Seite 104 **1.** Alle Wörter haben einen **gesummten s-Laut** und werden deshalb mit **einfachem s geschrieben:** Häuser, reisen, Lose, Mäuse, lesen, Gräser, brausen, Preise, Gänse, sausen, Gase, beweisen.

Seite 104 **2.** Häuser – Haus, reisen – er reist, Lose – Los, Mäuse – Maus, lesen – er liest, Gräser – Gras, brausen – er braust, Preise – Preis, Gänse – Gans, sausen – er saust, Gase – Gas, beweisen – er beweist

Seite 104 **3.** Lose – Hose – Dose/lesen – Besen – Wesen/Gase – Vase – Hase/beweisen – verreisen – verspeisen/brausen – hausen – sausen

Seite 104 **4.** löst – lösen, döst – dösen/reist –reisen, kreist – kreisen/Glas – Gläser, Gras – Gräser/ Los – Lose, Moos – Moose/rast rasen, bläst – blasen/Preis – Preise, Gleis – Gleise

Seite 105 **5.** Greis – Greise, Hals – Hälse, Laus – Läuse, Paradies – paradiesisch, uns – unser, Fels –Felsen, fies – fieser, Kies – Kiesel, er liest – lesen, er verreist – verreisen, erbost – böse, Puls – pulsieren

Seite 105 **6.** sie liest – lesen/sie sausten – sausen/sie niesten – niesen/sie speisten – speisen/ sie hausten – hausen/er fräst – fräsen/es braust – brausen/er raste – rasen

Seite 106 **1.** fließen, Kasse, heißen, Fuß, Fluss, Schüsse, Spaß, Kuss, Gewissen, nass, küssen, beißen, Kloß, messen, Maß, Riss, Gießkanne

Seite 106 **2.** Wörter mit ss: Fluss, Gewissen, Kasse, Kuss, küssen, messen, nass, Riss, Schüsse
Wörter mit ß: beißen, fließen, Fuß, Gießkanne, heißen, Kloß, Maß, Spaß

Seite 106 **3.** **Lösungen:** Essig, Messer, Trossen, Anlasser, Schlüssel, Schüssel, Flossen, Wasser, Essen

Seite 107 **4.** Kuss – küssen, Küsschen, Küsse ...
hassen – Hass, hässlich, hassenswert ...
fassen – unfassbar, Fassung, ihr fasst ...
massenhaft – Masse, massig, Massenveranstaltung ...
Pass – passieren, Passstelle, er passt ...
Messung – messen, er misst, Messstation, Vermessung ...
Nuss – Nüsse, nussig, Nussbaum, Nüsschen ...
vergessen – vergesslich, unvergesslich, er vergisst ...

Seite 107 **5.**

Infinitiv	**1. Pers. Sing. Präsens**	**1. Pers. Sing. Perfekt**	**1. Pers. Sing. Präteritum**
lassen	ich lasse	ich habe gelassen	ich ließ
fressen	ich fresse	ich habe gefressen	ich fraß
wissen	ich weiß	ich habe gewusst	ich wusste
reißen	ich reiße	ich habe gerissen	ich riss
essen	ich esse	ich habe gegessen	ich aß
beißen	ich beiße	ich habe gebissen	ich biss
vergessen	ich vergesse	ich habe vergessen	ich vergaß
schmeißen	ich schmeiße	ich habe geschmissen	ich schmiss

Seite 108 6. **Wie lässt sich Salat auf einem Schwamm anbauen?**
Lege einen sauberen Badeschwamm in ein Gefäß, dessen Boden du einige Zentimeter hoch mit Wasser bedeckt hast. Streue die Salatsamen oder Kressesamen auf den Schwamm. Stelle anschließend das Gefäß an einen hellen, warmen Platz und fülle immer genug Wasser nach. Nach einigen Tagen sind die Samen aufgegangen und die Pflänzchen wachsen. Nährlösung im Wasser lässt den Salat kräftiger sprießen.

Seite 108 7. Kommissar/Kompass/Amboss/Terrasse/Kompromiss/kolossal/Grimasse

Seite 109 1.

Infinitiv	Nomen/Subst. im Singular	Nomen/Subst. im Plural
(sich) ereignen	Ereignis	Ereignisse
begraben	Begräbnis	Begräbnisse
(be)hindern	Hindernis	Hindernisse
(be)zeugen	Zeugnis	Zeugnisse
fangen	Gefängnis	Gefängnisse
erkennen	Erkenntnis	Erkenntnisse
erlauben	Erlaubnis	Erlaubnisse
bedrängen	Bedrängnis	Bedrängnisse
erleben	Erlebnis	Erlebnisse

Seite 109 2. knusprig, hastig, Maske, fast (beinahe), meistens, Muskel, wispern, Kasper, Floskel, rüstig, Rast, lästig, Plastik, Transport, Ast, fest

Seite 109 3. **Eine mögliche Lösung:**
Hast, Gast, Mast, Durst, Ast, Frost, Last, Rast
Ständer, Stoff, starren, still, Stimme, Stand, streben, Stuhl
Hast, wispern, husten, hasten, rüstig
Spaten, sparen, sprießen, spielen, Spinne, spät, spannend, Spaß

Teste dich selbst! – S-Laute richtig schreiben

Seite 110 1.

- Der stimmhafte, gesummt gesprochene s-Laut wird immer mit **einfachem s** geschrieben.
- Der stimmlose, gezischte s-Laut wird mit einfachem **s** geschrieben, wenn es **verwandte** Wörter mit stimmhaftem s-Laut gibt.
- Der stimmlose s-Laut wird nach **kurzem** Vokal mit **ss** geschrieben.
- Der stimmlose s-Laut wird nach **langem** Vokal oder Doppelvokalen mit **ß** geschrieben.

(1 Punkt für jede richtige Ergänzung)

Seite 110 2. **Wie bekommt man einen Apfel in eine Flasche?**
Ein richtiger, echter, großer Apfel in einer Glasflasche mit engem Hals. Wie ist der Apfel da bloß hineingekommen? Du musst dir im Frühsommer, wenn die Äpfel noch ganz klein sind, einen Zweig mit einem Apfel-Winzling aussuchen. Zweig und Apfelbaby steckst du in die Flasche, ohne den Zweig abzuknicken oder gar abzureißen. Die Flasche samt Inhalt bindest du an einem benachbarten starken **Ast fest**. Nun kannst du gelassen beobachten, wie dein Apfel in der Flasche langsam wächst. Zur Erntezeit im Herbst nimmst du den Apfel vorsichtig ab, indem du die Bänder löst und die Flasche wegziehst. Der reife Apfel sollte sich leicht vom Zweig lösen lassen. Nun erinnert nichts mehr daran, dass der Apfel in der Flasche am Baum gewachsen ist!

(1 Punkt für jede richtige Ergänzung)

Seite 110 **3.** finster – Finsternis – Finsternisse
geheim – Geheimnis – Geheimnisse
wild – Wildnis – Wildnisse

(1 Punkt für jedes richtig geschriebene Nomen/Substantiv und für jede richtig geschriebene Pluralform)

29–23 Punkte	22–15 Punkte	14–0 Punkte
Das hast du gut gemacht!	Nicht schlecht! Lies dir noch einmal die Lernboxen im Schulbuch auf den S. 308–316 durch.	Wiederhole noch einmal die Übungen im Arbeitsheft (S. 104–109) und im Schulbuch (S. 308–316).

Punkt, Komma, Doppelpunkt – die Zeichensetzung trainieren

Seite 111 **1.**

- Ein Mann spielt Schach mit seinem Hund. Ein zweiter Mann tritt hinzu: „Sie haben aber einen klugen Hund.“ „Wieso, er verliert doch immer.“
- Zwei Kühe liegen auf der Weide. Die eine sagt: „Muh!“ Da sagt die andere: „Das wollte ich auch gerade sagen.“
- Das Telefon klingelt. Der Hund hebt ab und meldet sich: „Wau!“ „Wer ist da bitte?“ „Wau!“ „Wer ist da?“ „Wau!“ „Jetzt sagen Sie doch endlich, wer dran ist!“ „Wau, wau! Wilhelm, Anton, Ulrich! Wilhelm, Anton, Ulrich!“

Seite 112 **2.**

- „Wohin fahren wir in den Sommerferien?“, fragt meine Mutter.
- „Ich möchte wieder an die Nordsee fahren!“, ruft meine Schwester.
- „Warum bleiben wir nicht zu Hause?“, meint mein Bruder.
- „Letztes Jahr hatten wir viel Spaß am Strand“, sage ich.
- „Hoffentlich bekommen wir das Gepäck ins Auto“, seufzt mein Vater.
- „Ich räume doch den Kofferraum ein. Warum machst du dir Sorgen?“, entgegnet meine Mutter.
- „Lasst uns wieder einen Sandburgenwettbewerb machen!“, rufe ich.
- „Können wir auch wieder in die Seehundstation gehen?“, fragt meine Schwester.
- „Vielleicht können wir auch eine Kutterfahrt zu den Seehundbänken machen“, schlägt mein Vater vor.
- „Auf jeden Fall sind wir uns einig, dass es an die Nordsee gehen soll“, stellt meine Mutter fest.

Seite 112 **3.**

- „Wer“, fragt Timo, „hat mein Deutschbuch weggenommen?“
- „Es war“, sagt Andrea, „vorhin doch noch auf deinem Tisch.“
- „Irgendjemand“, ruft Timo empört, „hat es aber versteckt!“
- „Warum“, rät ihm Thomas, „siehst du nicht in deiner Schultasche nach?“
- „Stimmt! Ich habe“, entschuldigt sich Timo, „es ja selbst dort hineingesteckt.“

Seite 113 **1.**

- In unserem Garten wachsen Äpfel, Birnen und Kirschen.
- Meikes Lieblingsfächer sind Sport, Biologie und Musik.
- Zu Michaels Geburtstag kommen seine Eltern, seine Schwester, seine Großeltern sowie sein Onkel.
- Im Zoo möchte ich die Elefanten, die Giraffen und die Tiger sehen.
- Meryems Familie fährt im Sommer auf die Inseln Amrum, Föhr oder Sylt.
- Die Nebenflüsse der Donau heißen Isar, Iller, Lech und Inn.
- Elefanten sind große, graue, dickhäutige, gutmütige und gelehrsame Tiere.
- Meine Hosen sind alle blau, braun oder schwarz.

Seite 113 **2.** **Eine mögliche Lösung:**

- In meiner Schultasche habe ich meine Bücher, mein Federmäppchen, meine Hefte und mein Pausenbrot.
- In unserem Klassenraum haben wir viele Poster, viele Tische und Stühle, ein paar Pflanzen und eine Tafel.
- Meine Lieblingsfächer sind Geschichte, Erdkunde und Biologie.
- Ich esse gerne Pizza, Salat, Pudding und Bananen.

Seite 114 **3.** **Der Luchs**

Der Luchs ist ein Raubtier, das in den dichten Wäldern der Alpen und des Mittelgebirges lebt. Er ernährt sich hauptsächlich von Mäusen aller Art, kleinen und mittelgroßen Vögeln, Kaninchen und Hasen, Rehen, jungen Wildschweinen, Eichhörnchen und Mardern, Füchsen, Waschbären und Wildkatzen.

Der Haussperling

Die Haussperlinge bauen ihre lockeren, überdachten und nach menschlichen Ansprüchen unordentlichen Nester aus Strohhalmen, Grashalmen, Papierfetzen, Wollfäden oder ähnlichem Baumaterial. Ihre Hauptnahrung besteht aus Knospen, Samen, Blättern, Küchenabfällen und Nahrungsresten von Menschen.

Seite 114 **4.**

- Für Butterkuchen braucht man Butter, Zucker, Salz, Hefe, Milch und Mehl.
- Nudelteig kannst du herstellen aus Mehl, Salz, Eiern und Öl.
- Eine Möhrensuppe mit Kräutern macht man aus Möhren, Salz, Zwiebeln, Gemüsebrühe, Petersilie, Milch, Sahne und Butter.

Seite 115 **1.**

- Ich würde heute gerne Fußball spielen, aber ich bin krank.
- Die nächste Mathearbeit wird schwer, doch ich werde die Aufgaben schaffen.
- Marvin fallen die Aufgaben nicht schwer, denn er ist gut in Mathe.
- Man sieht dunkle Wolken am Himmel, trotzdem nimmt Carina keinen Schirm mit.
- Meine Mutter hat heute Geburtstag, deshalb habe ich ihr ein Geschenk gekauft.
- Ich treffe mich heute nicht mit Annika, sondern ich gehe zu meinen Großeltern.

Seite 115 **2.**

- Johannes ist fröhlich, denn er freut sich auf das Fußballspiel am Nachmittag.
- Letztes Mal hat seine Mannschaft verloren, trotzdem freut er sich auf das Spiel.
- Johannes läuft schneller als die anderen Spieler, deshalb bekommt er den Ball noch.
- Der Torwart fliegt in die richtige Ecke, aber er kann Johannes' Schuss nicht halten.
- Johannes' Mannschaft hat noch weitere Torchancen, doch es bleibt beim 1:0.
- Nach dem Spiel lobt der Trainer die Mannschaft, denn die Spieler haben sich sehr angestrengt.
- Die Spieler sind müde, trotzdem sind sie froh über das gewonnene Spiel.

Seite 116 **1.**

Diese Geschichte ist spannend, weil sie von der Steinzeit handelt.

Obwohl die Handlung in der Gegenwart spielt, erfährt man viel über die Steinzeit.

Bevor ich das Buch gelesen habe, wusste ich nicht viel über die Steinzeit.

Ich konnte oft nicht aufhören zu lesen, da das Buch so spannend war.

Ich leihe dir das Buch gern aus, wenn du es auch einmal lesen möchtest.

Damit du es schnell bekommst, bringe ich es dir morgen mit in die Schule.

Du kannst es mir zurückgeben, nachdem du es gelesen hast.

Du kannst das Buch behalten, bis die Ferien anfangen.

Seite 116 **2.**

- Heute Nachmittag treffen sich Kai, Sabrina und Christian, weil sie Fußball spielen wollen.

- Wir freuten uns sehr, nachdem wir einen Hund aus dem Tierheim geholt hatten.
- Hannes bringt sein Fahrrad zu seinem Onkel, damit er es repariert.
- Onur erlebt viele aufregende Abenteuer, während er von Reisen in ferne Länder träumt.
- Nina besucht ihre Großeltern, als die Ferien anfangen.

Seite 117 **3.**
Weil es sehr viel geschneit hatte, waren die Straßen sehr glatt.
Die Autofahrer fuhren vorsichtig, obwohl sie es eilig hatten.
Die Streufahrzeuge arbeiteten seit Stunden, damit die Straßen befahrbar wurden.
Bis alle Straßen geräumt waren, kam es immer wieder zu Staus.
Als die Straßen frei von Schnee waren, lief der Verkehr wieder normal.

Seite 117 **4.**
Eine mögliche Lösung:
- Als ich heute Morgen zur Schule ging, traf ich meinen Freund Herbert.
- Während ich zur Schule ging, dachte ich schon an die Deutscharbeit.
- Weil es an diesem Morgen schneite, fuhr ich nicht mit dem Fahrrad.
- Bevor ich in der Schule ankam, hörte es auf zu schneien.

Seite 117 **5.**
Fahrstuhl als Diebesfalle
Alles andere als planmäßig verlief das Weihnachtsfest für zwei englische Diebe, als sie an Heiligabend einen Tresor aus einem Kaufhaus in London rauben wollten. Da ihre Beute zu schwer war, blieben die beiden im Fahrstuhl stecken. Obwohl der Lift nur für zwei Personen zugelassen war, nahmen die Diebe ihre Beute mit in den Fahrstuhl. Dieser blieb stecken, nachdem die Diebe ihn in Gang gesetzt hatten. Die Männer verbrachten sechs Stunden zwischen zwei Kaufhausetagen, bis sie von der Polizei befreit wurden. „Als wir die Fahrstuhltüren öffneten, fielen uns die beiden in die Arme", sagte ein Polizeisprecher. Die Diebe freuten sich jedoch nicht lange, weil sie sofort von der Polizei verhaftet wurden. Die Mitarbeiter des Kaufhauses waren erstaunt, als sie von dem Vorfall hörten.

Teste dich selbst! – Die Zeichensetzung trainieren

Seite 118 **1./2.**
Vier Sätze mit Komma:
Heute Vormittag hatten wir Deutsch, Mathematik und Sport.
Am Wochenende habe ich ausgeschlafen, aufgeräumt und Fußball gespielt.
Die Schüler unserer Schule fahren mit dem Bus, mit dem Fahrrad oder gehen zu Fuß.
In den Sommerferien bleibe ich zu Hause, treffe meine Freunde und gehe ins Freibad.

Drei Sätze ohne Komma:
Julians Lieblingssportarten sind Handball und Volleyball.
In der Mensa gab es heute Nudeln und Soße.
Das Wetter morgen wird nass und kalt.

(1 Punkt für jedes richtig angekreuzte bzw. nicht angekreuzte Feld; 1 Punkt für jedes richtig eingesetzte Komma)

Seite 118 **3.**
Der Löwe brüllt das Zebra an: „Wer bin ich?" Zitternd antwortet das Zebra: „Der König der Tiere!"
Zufrieden geht der Löwe weiter. Dann faucht er eine Gazelle an: „Wer bin ich?" Die Gazelle, halb tot vor Angst: „Der König der Tiere!"
Dann brüllt der Löwe einen Elefanten an: „Wer bin ich?" Der Elefant packt ihn mit dem Rüssel, hebt ihn hoch und schleudert ihn krachend zu Boden.
Sagt der Löwe kleinlaut: „Man wird doch noch mal fragen dürfen."

(1 Punkt für jede richtige Ergänzung)

Seite 118 **4.**
Am See. Ein Mann mit Hund wartet, bis sich einige Zuschauer eingefunden haben, und wirft demonstrativ ein Stück Holz weit hinaus. Der Hund läuft los, rennt über das

Wasser zum Holzstück und bringt es seinem Herrn zurück, der stolz die Zuschauer anblickt.
„Na, wie finden Sie meinen Hund?“, fragt er herausfordernd.
„Nun“, antwortet ein Zuschauer, „ich will ja nichts sagen – aber Ihr Hund kann ja gar nicht schwimmen.“

(1 Punkt für jede richtige Ergänzung)

Seite 119 5. obwohl, wenn, weil, als, nachdem, damit

(1 Punkt für jede richtige Konjunktion)

Seite 119 6.

Beispielsatz	Hauptsatz	Nebensatz
obwohl das Wetter immer schlechter wird		X
die Bergsteiger beginnen mit dem Aufstieg auf den Berg	X	
es liegt Schnee auf dem Gipfel	X	
sie fühlen sich sicher	X	
nachdem es einige Stunden geschneit hat		X
weil sie gut ausgerüstet sind		X

(1 Punkt für jedes richtig gesetzte Kreuz)

Seite 119 7. Die Bergsteiger beginnen mit dem Aufstieg auf den Gipfel, obwohl das Wetter immer schlechter wird.
Es liegt Schnee auf dem Gipfel, nachdem es einige Stunden lang geschneit hat.
Sie fühlen sich sicher, weil sie gut ausgerüstet sind.

(1 Punkt für jedes sinnvolle Satzgefüge)

Seite 119 8.

- Wir freuen uns auf die Ferien, denn wir machen Urlaub am Meer.
- Weil mein Bruder noch nie am Meer war, freut er sich besonders.
- Wir nehmen Schaufeln mit, damit wir eine Sandburg bauen können.
- Wir fahren in diesem Jahr nicht an die Nordsee, sondern wir verbringen zwei Wochen an der Ostsee.
- Während wir im Urlaub sind, streiten sich mein Bruder und meine Schwester nicht.
- Meine Schwester will am Strand Fußball spielen und mein Bruder möchte Muscheln sammeln. (kein Komma)
- Wir werden wieder an die Ostsee fahren, wenn es uns gefällt.
- Obwohl ich schon einmal am Meer war, freue ich mich sehr auf den Urlaub.

(1 Punkt für jeden richtigen Satz)

61–52 Punkte	51–36 Punkte	35–0 Punkte
Das hast du gut gemacht!	Nicht schlecht! Lies dir noch einmal die Lernboxen im Schulbuch auf den S. 318–323 durch.	Wiederhole noch einmal die Übungen im Arbeitsheft (S. 111–117) und im Schulbuch (S. 318–323).